DIREITO CIVIL – 1
PARTE GERAL

Sílvio Luís Ferreira da Rocha

DIREITO CIVIL – 1
PARTE GERAL

DIREITO CIVIL – 1
PARTE GERAL
© SÍLVIO LUÍS FERREIRA DA ROCHA

ISBN: 978-85-392-0003-0

Direitos reservados desta edição por
MALHEIROS EDITORES LTDA.
Rua Paes de Araújo, 29, conjunto 171
CEP 04531-940 – São Paulo – SP
Tel.: (11) 3078-7205 – Fax: (11) 3168-5495
URL: www.malheiroseditores.com.br
e-mail: malheiroseditores@terra.com.br

Composição
Acqua Estúdio Gráfico Ltda.

Capa
Criação: Vânia Lúcia Amato
Arte: PC Editorial Ltda.

Impresso no Brasil
Printed in Brazil
02.2010

À Eliane, meu amor.
A meus filhos Bruno e Carlos Eduardo.

SUMÁRIO

CAPÍTULO 1 – **PESSOAS NATURAIS**
1. *O Código Civil* 17
   1.1 *Divisão do Código Civil* 19
   1.2 *Princípios ideológicos do Código Civil* 20
   1.3 *Princípios fundamentais do Código Civil* 20
      1.3.1 *Princípio da dignidade da pessoa humana* 20
      1.3.2 *O princípio da boa-fé* 23
         1.3.2.1 As funções da boa-fé objetiva 25
      1.3.3 *O princípio da função social do contrato* 27
      1.3.4 *O princípio da função social da propriedade* 27
      1.3.5 *Princípio da igualdade de direitos e deveres dos cônjuges* 30
   1.4 *Técnica legislativa do Código Civil* 30
2. *Personalidade* 31
   2.1 *Conceito* 31
   2.2 *Início da personalidade* 32
      2.2.1 Prova do nascimento 33
   2.3 *Nascituro* 34
   2.4 *Extinção da personalidade* 34
      2.4.1 Comoriência 35
      2.4.2 Ausência 36
         2.4.2.1 Sucessão de ausentes 36
3. *Capacidade*
   3.1 *Capacidade de direito ou de gozo* 37

3.2 Capacidade de exercício 38
4. Legitimidade 38
5. Incapacidade 39
   5.1 Incapacidade absoluta 39
      5.1.1 Menoridade 39
      5.1.2 Enfermidade ou deficiência mental 39
      5.1.3 Impossibilidade de exprimir a vontade 40
   5.2 Incapacidade relativa 41
      5.2.1 Menoridade 41
      5.2.2 Dependência química 41
      5.2.3 Deficiência mental 42
      5.2.4 Pródigo 42
   5.3 Determinação judicial da incapacidade 43
   5.4 Causas que fazem cessar a incapacidade 43
      5.4.1 Emancipação 44
      5.4.2 Casamento 44
      5.4.3 Exercício de emprego público efetivo 45
      5.4.4 Colação de grau em curso de ensino superior 45
      5.4.5 Estabelecimento civil, comercial ou relação de
             emprego que resultem em economia própria 45
   5.5 Suprimento da incapacidade absoluta e relativa
      5.5.1 Suprimento da incapacidade absoluta 46
      5.5.2 Suprimento da incapacidade relativa 46
6. Direitos da personalidade 46
   6.1 Conceito 47
   6.2 Características 48
   6.3 Espécies 49
   6.4 Tutela dos direitos da personalidade 53

CAPÍTULO 2 – **PESSOA JURÍDICA**
1. Considerações gerais 55
2. Elementos constitutivos das pessoas jurídicas 56

SUMÁRIO 9

3. Espécies de pessoas jurídicas 58
3.1 Pessoas jurídicas de direito público
  3.1.1 Pessoas jurídicas de direito público externo 58
  3.1.2 Pessoas jurídicas de direito público interno 58
3.2 Pessoas jurídicas de direito privado 59
  3.2.1 Associações e sociedades civis 60
    3.2.1.1 Associações 60
    3.2.1.2 Sociedades 64
  3.2.2 Fundações 67
    3.2.2.1 Espécies de fundações 67
    3.2.2.2 Fins da fundação 68
    3.2.2.3 Modo de constituição 68
    3.2.2.4 O patrimônio das fundações 69
    3.2.2.5 Alteração dos estatutos 69
    3.2.2.6 Extinção das fundações 70
  3.2.3 Organizações religiosas 70
  3.2.4 Partidos políticos 71
4. Desconsideração da personalidade jurídica 72
  4.1 Aplicação da Teoria da Desconsideração 73

CAPÍTULO 3 – **DOMICÍLIO**
1. Conceito 77
2. Utilidade do instituto 78
3. Elementos 78
4. Características 79
5. Espécies de domicílio 79
6. Domicílio da pessoa jurídica 80
7. Disciplina legal 80

CAPÍTULO 4 – **BENS**
1. Generalidades 83
2. Conceito de "patrimônio" 84

3. Diferentes classes de bens
   3.1 Bens considerados em si mesmos 86
       3.1.1 Bens imóveis 86
       3.1.2 Bens móveis 87
       3.1.3 Bens fungíveis e infungíveis 87
       3.1.4 Bens consumíveis 88
       3.1.5 Bens divisíveis e bens indivisíveis 89
       3.1.6 Bens singulares e coletivos 90
   3.2 Bens reciprocamente considerados 90
       3.2.1 Bem principal 91
       3.2.2 Bem acessório 91
4. Bens públicos 93
5. Bem de família 93

CAPÍTULO 5 – FATOS JURÍDICOS – NEGÓCIO JURÍDICO
– DISPOSIÇÕES GERAIS
1. Fato jurídico
   1.1 Conceito 95
   1.2 Classificação dos fatos jurídicos 96
2. Negócio jurídico
   2.1 Conceito e importância
       2.1.1 Tese voluntarista 97
       2.1.2 Tese objetiva 98
   2.2 Definição estrutural do negócio jurídico 99
   2.3 Elementos, requisitos e fatores dos negócios jurídicos ... 99
       2.3.1 Plano da existência
           2.3.1.1 Elementos gerais 100
           2.3.1.2 Elementos categoriais 104
           2.3.1.3 Elementos particulares 104
       2.3.2 Plano da validade 104
       2.3.3 Plano da eficácia 108

SUMÁRIO 11

CAPÍTULO 6 – *REPRESENTAÇÃO*
1. Representação 109
1.1 Pressupostos da representação
   1.1.1 Pressupostos de existência
      1.1.1.1 "Contemplatio domini" 110
      *1.1.1.2 A declaração de uma vontade própria do
         representante* 110
   1.1.2 Pressupostos de eficácia da representação 110
1.2 Espécies de representantes 111
   1.2.1 *Representação voluntária* 111
   1.2.2 *Representação legal* 112
*1.3 Distinção entre representação (agir em nome de) e mandato
   (agir por conta de)* 112
1.4 Confronto com institutos afins
   1.4.1 *Representante e núncio* 113
   1.4.2 *Representação própria e representação
      imprópria* 113
   1.4.3 *Autocontratação. Contrato consigo mesmo* 114
1.5 Ineficácia 114

CAPÍTULO 7 – *ELEMENTOS ACIDENTAIS DOS NEGÓCIOS
   JURÍDICOS*
1. Condição, termo e encargo 115
2. Condição 115
   2.1 A aposição da condição 116
   2.2 Classificação das condições
      2.2.1 *Condições permitidas e condições proibidas* 117
      2.2.2 *Condição casual, potestativa e mista* 118
      2.2.3 *Condição suspensiva e condição resolutiva* 119
      2.2.4 *Estágios ou fases* 120
3. Termo 120

4. Encargo
4.1 Conceito ... 121
4.2 Características ... 122
4.2.1 Extensão do encargo ... 122
4.2.2 Pressupostos ... 122
4.2.3 Diferenças entre encargo e condição ... 123
4.2.4 Efeitos do encargo ... 123

CAPÍTULO 8 – **DEFEITOS DO NEGÓCIO JURÍDICO** ... 125
1. Erro ou ignorância ... 126
   1.1 Espécies de erros ... 126
   1.2 Erro substancial e erro acidental ... 127
   1.3 Pressupostos do erro ... 127
      1.3.1 Escusabilidade ... 127
      1.3.2 Essencialidade ou substancialidade ... 128
         1.3.2.1 Erro substancial e vício redibitório ... 131
      1.3.3 Percepção do erro por pessoa de diligência normal ... 132
   1.4 O erro real ... 132
   1.5 O erro em virtude de falsa causa ... 132
   1.6 Erro acidental ou irrelevante ... 133
   1.7 Convalidação do negócio jurídico cometido com erro ... 133
   1.8 Conseqüências da invalidação por erro ... 134
2. Dolo
   2.1 Conceito ... 134
   2.2 Espécies de dolo
      2.2.1 Dolo essencial ... 135
      2.2.2 Dolo acidental ... 135
      2.2.3 Dolo tolerável ... 136
      2.2.4 Dolo intolerável ... 137
      2.2.5 Dolo positivo ... 137

SUMÁRIO 13

2.2.6 Dolo negativo	137
2.2.7 Dolo próprio	137
2.2.8 Dolo do representante	138
2.2.9 Dolo de terceiro	138
2.2.10 Dolo recíproco	139

3. Coação

3.1 Conceito	139
3.2 Requisitos da coação	140
3.3 Temor reverencial	142
3.4 Coação por parte de terceiros	142

4. Estado de perigo ou de necessidade

4.1 Conceito	143
4.2 Requisitos	144
4.3 Efeitos	145
4.4 Diferenças entre o estado de perigo ou de necessidade e a coação e a lesão	146

5. Lesão

5.1 Conceito	146
5.2 Requisitos	147
5.3 Espécies de lesão	148
5.4 Âmbito de aplicação	148
5.5 Efeitos	148

6. Fraude contra credores

6.1 Conceito	148
6.2 Atos que podem configurar a fraude contra credores	150
6.3 Conseqüências	151
6.4 Efeitos	151

7. Simulação ... 152

7.1 Conceito	152
7.2 Pressupostos	153
7.3 Finalidade	153
7.4 Modos de realização da simulação	153

7.5 Classificação

7.5.1 Simulação absoluta 154
7.5.2 Simulação relativa 154
7.5.3 Simulação fraudulenta 155
7.5.4 Simulação inocente 155
7.5.5 Simulação por interposição de pessoa ou
"ad personam" 155
7.6 Regime jurídico 155
7.7 Terceiros de boa-fé 157

8. Reserva mental
8.1 Conceito 157
8.2 Efeitos da reserva mental 157
8.3 Diferenças entre a reserva mental, dolo e simulação 158

CAPÍTULO 9 – INVALIDADE DO NEGÓCIO JURÍDICO
1. Conceito 159
2. Atos nulos
   2.1 Hipóteses 160
   2.2 Regime jurídico da nulidade 160
   2.3 Convalidação 161
   2.4 Conseqüências da nulidade 161
   2.5 Nulidade parcial 162
3. Atos anuláveis 162
   3.1 Regime jurídico dos atos anuláveis
       3.1.1 Confirmação 162
       3.1.2 Efeitos da confirmação 163
       3.1.3 Espécies de confirmação 163
4. Obrigações contraídas por menores relativamente
   incapazes 164

SUMÁRIO 15

CAPÍTULO 10 – *ATOS ILÍCITOS*
1. *Considerações gerais* 165
2. *Requisitos da responsabilização*
   2.1 *Responsabilidade civil. Observações preliminares* 166
   2.2 *Ato ilícito* 167
   2.3 *Culpa e dolo*
       2.3.1 *Dolo* 167
       2.3.2 *Culpa* 167
   2.4 *Imputabilidade* 169
   2.5 *Dano* 169
   2.6 *Nexo de causalidade* 172
3. *Abuso de direito* 172
4. *Atos que não são considerados ilícitos* 172

CAPÍTULO 11 – *DA PRESCRIÇÃO E DA DECADÊNCIA*
1. *Considerações gerais* 175
2. *Prescrição*
   2.1 *Histórico* 177
   2.2 *Fundamentos da prescrição* 177
   2.3 *Conceito* 178
   2.4 *Conceito adotado pelo Código Civil de 2002* 181
   2.5 *Causas impeditivas, suspensivas ou interruptivas* 181
   2.6 *Outras regras aplicáveis à prescrição* 188
   2.7 *Renúncia da prescrição* 191
   2.8 *Efeitos da prescrição em relação às pessoas* 193
   2.9 *Prazos prescricionais* 193
3. *Decadência*
   3.1 *Conceito* 193
   3.2 *Espécies* 195
   3.3 *Regime jurídico* 196
   3.4 *Prazos de decadência* 196
4. *Prescrição, decadência e preclusão* 197

CAPÍTULO 12 – **PROVA**
1. Conceito de "prova" 199
2. Preceitos fundamentais da teoria das provas 199
   2.1 Princípio do ônus da prova 200
   2.2 Princípio da necessidade da prova 200
   2.3 Princípio da contradição da prova 200
3. **Sistemas de avaliação da prova** 200
4. **Provas em espécie** 201
   4.1 Depoimento pessoal e confissão 201
   4.2 Prova documental 203
      4.2.1 Classificação 203
      4.2.2 Documentos equivalentes 205
      4.2.3 Momento da produção da prova documental 206
   4.3 Prova testemunhal 206
      4.3.1 Admissibilidade da prova testemunhal 206
   4.4 Prova pericial 208

Bibliografia 211

Capítulo 1
PESSOAS NATURAIS

1. O Código Civil: 1.1 Divisão do Código Civil – 1.2 Princípios ideológicos do Código Civil – 1.3 Princípios fundamentais do Código Civil: 1.3.1 Princípio da dignidade da pessoa humana – 1.3.2 O princípio da boa-fé: 1.3.2.1 As funções da boa-fé objetiva – 1.3.3 O Princípio da função social do contrato – 1.3.4 O princípio da função social da propriedade – 1.3.5 Princípio da igualdade de direitos e deveres dos cônjuges – 1.4 Técnica legislativa do Código Civil. 2. Personalidade: 2.1 Conceito – 2.2 Início da personalidade: 2.2.1 Prova do nascimento – 2.3 Nascituro – 2.4 Extinção da personalidade: 2.4.1 Comoriência – 2.4.2 Ausência: 2.4.2.1 Sucessão de ausentes. 3. Capacidade: 3.1 Capacidade de direito ou de gozo – 3.2 Capacidade de exercício. 4. Legitimidade. 5. Incapacidade: 5.1 Incapacidade absoluta: 5.1.1 Menoridade – 5.1.2 Enfermidade ou deficiência mental – 5.1.3 Impossibilidade de exprimir a vontade – 5.2 Incapacidade relativa: 5.2.1 Menoridade – 5.2.2 Dependência química – 5.2.3 Deficiência mental – 5.2.4 Pródigo – 5.3 Determinação judicial da incapacidade – 5.4 Causas que fazem cessar a incapacidade: 5.4.1 Emancipação – 5.4.2 Casamento – 5.4.3 Exercício de emprego público efetivo – 5.4.4 Colação de grau em curso de ensino superior – 5.4.5 Estabelecimento civil, comercial ou relação de emprego que resultem em economia própria – 5.5 Suprimento da incapacidade absoluta e relativa: 5.5.1 Suprimento da incapacidade absoluta – 5.5.2 Suprimento da incapacidade relativa. 6. Direitos da personalidade: 6.1 Conceito – 6.2 Características – 6.3 Espécies – 6.4 Tutela dos direitos da personalidade.

1. O Código Civil

O Direito disciplina diversas espécies de relações entre pessoas: familiares, comerciais, sucessórias, patrimoniais, não-patrimoniais, empregatícias, criminais, administrativas, tributárias. A partir de uma previsão hipotética, à qual também se atribui, após certa valoração, uma conseqüência, passível de ser imposta coercitivamente, o Direito regula comportamentos humanos e situações.

O Direito enquanto experiência humana sempre esteve presente na história da Humanidade. O que pode mudar é o grau de organização e evolução do sistema normativo vigente em uma dada civilização. Da complexidade das relações sociais surge a necessidade de organizar, ordenar e sistematizar as normas regentes daquelas sociedades, o que ocorre por um fenômeno legislativo que pode ser decomposto em *compilação*, *consolidação* e *codificação*. A compilação corresponde a uma ordenação das normas vigentes por um critério cronológico ou por matéria. A consolidação corresponde a uma ordenação das normas vigentes com critério, método e com a supressão dos textos revogados e a substituição por aqueles vigentes. A codificação representa o novo. A confecção de um novo conjunto de leis, organizado e sistematizado. Os Códigos Civis foram obras dos legisladores pós-Revolução Francesa. Entre os doutrinadores é conhecida a famosa disputa na Alemanha entre Savigny e Thibaut. Savigny opunha-se à codificação, pois, segundo ele, a rigidez do código, bem como o modo arbitrário como é criado, faz com que a vontade da comunidade não seja respeitada e faz também com que haja uma dificuldade de adaptação das regras do código às evoluções sociais. Thibaut defendia a codificação porque, segundo ele, a codificação, além de ser um eficiente meio de unificação política e legislativa, possibilitava introduzir idéias novas. A tese da codificação prevaleceu. O código define-se como um conjunto ordenado, sistematizado e pretensamente totalitário de regras a respeito de determinado assunto. O código tem como características a unidade, a exclusividade e a sistematização. *Unidade* porque reúne em seu corpo, presumidamente, todas as regras relativas a um ramo do Direito. *Exclusividade* porque o código pretende conter todas as regras jurídicas gerais sobre a matéria, com derrogação das disposições até então vigentes. *Sistematização* porque as regras contidas no código são subdivididas e organizadas por matérias.[1]

De fato, os codificadores tinham a proposta política de implantar nos respectivos países um Direito unificado, em substituição aos costu-

---

1. Manuel Araux Castex, *apud* Renan Lotufo, *Curso Avançado de Direito Civil – Parte Geral*, vol. 1, p. 73.

mes locais e ao Direito Romano interpretado pelos glosadores. O primeiro grande Código foi o francês. Napoleão chamou-o de "a Constituição do Cidadão Francês". Esse Código acabou com os privilégios do sistema feudal, que onerava a propriedade e regulava as relações pela posição social da pessoa. O Código Civil francês nasceu ligado aos institutos da propriedade, que simbolizava a igualdade, e do contrato, que simbolizava a liberdade. O Código Civil francês sofreu grande influência do Direito Romano ao adotar livros em torno das pessoas, coisas e modos de aquisição da propriedade. Outro grande Código foi o alemão (*BGB*). Esse Código foi o primeiro a apresentar uma Parte Geral irradiadora de efeitos sobre os demais livros. O Código Civil alemão influenciou o Código Civil brasileiro de 1916, que, a exemplo dele, continha Parte Geral irradiadora de efeitos aos demais livros, em razão de Clóvis Beviláqua – autor do Projeto – ter estudado em Recife, na Faculdade de Direito na qual Tobias Barreto divulgou idéias germanas. O Código Civil de 2002 – a Lei 10.406, de 10.1.2002, que entrou em vigor em 11.1.2003 – começou a tramitar em 1975 e foi sancionado em 11.1.2002.

1.1 Divisão do Código Civil

O Código Civil é composto de duas partes: a Parte Geral (arts. 1º a 232) e a Parte Especial (arts. 233 a 2.027). Há, ainda, o Livro Complementar (arts. 2.028 a 2.046). A Parte Geral pretende disciplinar a estrutura da relação jurídica civil privada pela análise dos três elementos que a compõem: sujeitos, objeto e fatos que a deflagram. A Parte Geral compõe-se dos livros "I – Das Pessoas", "II – Dos Bens" e "III – Dos Fatos Jurídicos". A Parte Especial é composta por cinco livros: "Livro I – Do Direito das Obrigações"; "Livro II – Do Direito de Empresa"; "Livro III – Do Direito das Coisas"; "Livro IV – Do Direito de Família" e "Livro V – Do Direito das Sucessões". O Livro Complementar disciplina as disposições finais e transitórias e regras de Direito Intertemporal em razão de o Código suceder ao Código Civil de 1916.

O Código Civil de 2002 unificou o direito das obrigações ao reunir no mesmo diploma legal as obrigações civis e as obrigações comerciais.

1.2 Princípios ideológicos do Código Civil

O Código Civil foi estruturado a partir de três princípios ideológicos: o princípio da eticidade, o da socialidade e o da operacionalidade.

O *princípio da socialidade* assegura a prevalência do social, e não do individual; a prevalência dos valores coletivos sobre os individuais, sem perda do valor fundante da pessoa humana. São manifestações do princípio da socialidade a posse-trabalho ou posse-*pro labore*, que permite a redução do prazo de usucapião de um imóvel se os possuidores houverem estabelecido sua morada ou realizado investimentos de interesse social e econômico (CC, arts. 1.238, parágrafo único, e 1.242, parágrafo único); a função social da propriedade (CC, art. 1.228, § 1º); a função social do contrato (CC, art. 421).O *princípio de eticidade* confere ao juiz a possibilidade de solucionar a lide em conformidade com valores éticos. O Código recorre ao uso de cláusulas gerais éticas: boa-fé, probidade, eqüidade. A base ética, por exemplo, de todo o direito obrigacional é o princípio do equilíbrio econômico dos contratos. Admite-se a possibilidade de pedir a resolução do contrato em virtude do advento de situações imprevisíveis, que venham a tornar a posição de um dos contratantes excessivamente onerosa (CC, arts. 478-480).O *princípio da operabilidade* assegura a aplicação do Direito. Pressupõe a idéia que o Direito é feito para ser realizado. Exprime-se pela manifesta distinção entre prescrição e decadência ao reunir as normas prescricionais na Parte Geral do Código e os casos de decadência, salvo uma ou outra hipótese, na Parte Especial. A norma de decadência vem acoplada ao direito material (CC, arts. 618, parágrafo único, e 559).

1.3 Princípios fundamentais do Código Civil

A par desses princípios ideológicos, existem os chamados *princípios fundamentais* do direito privado, que fundamentam os institutos disciplinados pelo Código Civil.

1.3.1 Princípio da dignidade da pessoa humana

Este princípio resulta do desenvolvimento de um novo Constitucionalismo e da maior influência do direito constitucional no direito civil. O Código Civil era visto como um sistema ordenado, coerente, fechado, de disciplina das relações privadas entre as pessoas. Trata-se da época das revoluções liberais do Estado. O ideal do Liberalismo, sobretudo o pregado pela Revolução Francesa, era igualdade, liberdade e fraternidade. A igualdade exigia o fim de todos os privilégios conferidos pelo velho regime à nobreza e ao clero. A liberdade – entendida, sobretudo, como liberdade de iniciativa – pressupunha segurança jurídica, certeza das regras a seguir. Houve o desenvolvimento de uma ideologia com o propósito de assegurar esses valores, calcada na supremacia da lei, entendida como manifestação de uma vontade coletiva, que se impunha a todos, na liberdade de contratar, uma das formas de manifestação da autonomia privada, e na propriedade. Esses institutos estavam voltados a assegurar a mudança de titularidade, sem maiores traumas, dos meios de produção de uma classe a outra, mais emergente: a burguesia. Por outro lado, a Constituição do Estado Liberal devia ocupar-se apenas com a estrutura do Estado, em assegurar algumas liberdades públicas, não tendo uma preocupação de disciplinar intensamente os aspectos sociais e econômicos. No campo privado as questões eram disciplinadas, essencialmente, pelo Código Civil, que chegou a ser chamado por Napoleão de "a Constituição do Cidadão Francês".

Esta visão de que o Código Civil disciplinava por inteiro as relações privadas das pessoas na sociedade foi passada para nós. A complexidade da vida moderna, as alterações provocadas pelas duas grandes guerras mundiais, o desenvolvimento da tecnologia, as alterações no modo de produção, as migrações da população rural para as cidades, criando grandes centros urbanos, obrigaram o Estado a mudar de Liberal para Social e a produzir outras leis à margem do Código Civil, mas necessárias a disciplinar novas questões, como Consolidação das Leis do Trabalho (CLT), Código de Menores, Lei de Locações, Lei de Loteamento e Parcelamento Urbano, Estatuto da Mulher Casada, Lei do Divórcio.

Essas leis representaram a quebra de monopólio do Código Civil na disciplina das relações entre as pessoas na sociedade mas não significaram, no entanto, o fenômeno de constitucionalização do direito civil, hoje tratado.

O Estado Social promoveu uma mudança do conteúdo da Constituição. A Constituição passou a incluir em seu texto direitos e institutos sociais, entre outros, como saúde, educação, moradia, trabalho, assistência social. Houve um crescimento dos temas incluídos no texto constitucional, muitos deles afetos ao direito civil. A Constituição Federal de 1988, por exemplo, trata do direito à herança, do direito do autor, da propriedade, da família.

Para alguns, quando se fala de direito civil constitucional se está a falar da supremacia da Constituição sobre as demais normas, inclusive o Código Civil, e o papel de coordenadora, doadora de sentido e unidade ao sistema jurídico, reservado a ela frente à multidão de normas que povoam o ordenamento jurídico; se está a falar dos diversos institutos de direito civil (herança, propriedade, família) que são referidos pela Constituição.

Penso, no entanto, diferente. Quando se fala em direito civil constitucional se está a falar na supremacia de valores inseridos na Constituição que irão reger toda a compreensão das demais regras do ordenamento jurídico, inclusive as que tratam do direito civil, e que, indiscutivelmente, afetaram a compreensão que tínhamos, até então, das regras de direito civil.

Quando se fala em direito civil constitucional, a chave de toda e qualquer interpretação reside na *dignidade da pessoa humana*, que foi elevada a fundamento da República e finalidade do ordenamento jurídico brasileiro. De acordo com José Afonso da Silva, "*dignidade da pessoa humana* é um valor supremo que atrai o conteúdo de todos os direitos fundamentais do homem, desde o direito à vida".[2]

O que o *princípio da dignidade da pessoa humana* fez com o direito civil? Mudou o eixo valorativo e interpretativo do direito civil. O direito civil inserto no Código Civil de 1916, pré-Constituição Federal de 1988, era marcado por uma preocupação mercantilística, econômica. O Homem era visto como sujeito de direitos de relações voltadas para a realização dos valores econômicos: autonomia privada para contratar; o contrato como forma de transferência da propriedade; propriedade absoluta; responsabilidade civil fundada apenas na culpa; estrutura familiar fundada no casamento, na autoridade do marido sobre a mulher e os filhos.

O princípio da dignidade da pessoa humana desmercantiliza as relações privadas; ao colocar a tutela da pessoa humana na ponta mais

---

2. José Afonso da Silva, *Curso de Direito Constitucional Positivo*, 33ª ed., São Paulo, Malheiros Editores, 2010, p. 105.

elevada do ordenamento jurídico, acaba por funcionalizar todos os institutos de direito civil. Isto é, eles (contrato, propriedade, família) existem para possibilitar o pleno desenvolvimento da dignidade da pessoa humana. Houve, portanto, uma personalização do direito civil, ou uma despatrimonialização do direito civil.

Posso citar como exemplos da despatrimonialização do direito civil feita pela Constituição Federal de 1988 a admissão do dano moral, mesmo que tenha havido dano patrimonial – ora, admitir a indenização pelo dano moral puro e sua cumulação com dano patrimonial é tutelar não o patrimônio, mas a pessoa humana; a função social da propriedade – a propriedade deixa de ser um direito absoluto, e passa a ser um direito que deve estar a serviço da pessoa humana, sob pena de seu exercício ser considerado abusivo; o reconhecimento do concubinato (união estável) como fonte da família, por retirar o concubinato do direito obrigacional e colocá-lo no campo do direito de família; a igualdade entre os cônjuges, acabando com um modelo patriarcal e concentrador.

Ao falar em direito civil constitucional estamos justamente despertando a atenção para essa mudança operada nos institutos de direito civil a partir da dignidade da pessoa humana, que não pode ser ignorada pelo operador do Direito.

Além do princípio da dignidade da pessoa humana, a Constituição Federal inaugurou um novo patamar nas relações sociais, inclusive as jurídicas, que é a do solidarismo, isto é, a busca da construção de uma sociedade livre, justa e solidária, que promova o bem de todos sem qualquer forma de discriminação.

À luz do princípio da dignidade da pessoa humana e do solidarismo, os institutos civis da propriedade e do contrato são refundidos, dando origem a uma nova configuração: o da função social da propriedade e o da função social do contrato.

1.3.2 *O princípio da boa-fé*

O princípio da boa-fé também informa todo o direito obrigacional. A boa-fé que hoje influencia grandemente o direito obrigacional é a boa-fé objetiva, e não a boa-fé subjetiva. A *boa-fé subjetiva* denota estado de consciência ou convencimento individual de agir a parte em conformidade ao Direito, sendo aplicável, em regra, ao campo dos direitos reais, especialmente em matéria possessória. Antitética à boa-fé subjetiva está a má-fé, vista subjetivamente como a intenção de lesar outrem. A boa-fé subjetiva representa a idéia de ignorância, de crença errônea, ainda que escusável, acerca da existência de uma situação regular.

Por sua vez, a *boa-fé objetiva* quer significar modelo de conduta social, arquétipo ou *standard* jurídico, segundo o qual "cada pessoa deve ajustar a própria conduta a esse arquétipo, obrando como obraria um homem reto: com honestidade, lealdade, probidade. Por esse modelo objetivo de conduta são levados em consideração os fatos concretos do caso, tais como o ***status** pessoal e cultural* dos envolvidos, não se admitindo uma aplicação mecânica do *standard*, de tipo meramente subsuntivo".[3]

Ao conceito de boa-fé objetiva estão subjacentes às idéias e aos ideais animadores da boa-fé germânica: a boa-fé como regra de conduta fundada na honestidade, na retidão, na lealdade e, principalmente, na consideração para com os interesses do *alter*, visto como um membro do conjunto social que é juridicamente tutelado. Aí se insere a consideração para com as expectativas legitimamente geradas, pela própria conduta, nos demais membros da comunidade, especialmente no outro pólo da relação obrigacional.[4]

A boa-fé no direito das obrigações manifestar-se-ia como máxima objetiva que determina o aumento de deveres para além daqueles que o acordo veio a prever de forma expressa.

Não é possível tabular ou arrolar *a priori* o significado da valoração a ser procedida mediante a boa-fé objetiva, porque se trata de uma norma cujo conteúdo não pode ser rigidamente fixado, dependendo sempre das concretas circunstâncias do caso.[5]

A boa-fé destina-se a todos aqueles que participam do vínculo; a boa-fé pode criar deveres para o credor, a quem tradicionalmente se reservavam apenas direitos. De acordo com Clóvis Veríssimo do Couto e Silva, "o mandamento de conduta engloba todos os que participam do

---

3. Manuel Araux Castex, *apud* Renan Lotufo, *Curso Avançado de Direito Civil – Parte Geral*, cit., vol. 1, p. 411.
4. Idem, p. 412.
5. Idem, ibidem.

vínculo obrigacional e estabelece, entre eles, um elo de cooperação, em face do fim objetivo a que visam"; a boa-fé contribui para determinar "o que" e o "como" da prestação e a fixar-lhe os limites".[6]

1.3.2.1 As funções da boa-fé objetiva – Três são as distintas funções normalmente atribuídas à boa-fé: a de cânone hermenêutico-integrativo do contrato; a de norma de criação de deveres jurídicos; e a de norma de limitação ao exercício de direitos subjetivos.

Função hermenêutico-integrativa do contrato – A boa-fé atua como cânon hábil a preencher lacunas na relação jurídica contratual. Das lacunas decorre a necessidade de estabelecer comportamentos não previstos, mas essenciais a salvaguardar o contrato e a plena produção de efeitos. Essa função integrativa será exercida pela boa-fé.

A boa-fé e a criação de deveres jurídicos – Os deveres instrumentais ou laterais, ou deveres acessórios de conduta – deveres de conduta, deveres de proteção ou deveres de tutela –, são derivados ou de cláusula contratual, ou de dispositivo da lei ou da incidência da boa-fé objetiva.

São eles: (a) deveres de cuidado, previdência e segurança; (b) deveres de aviso e esclarecimento; (c) deveres de informação; (d) deveres de colaboração e cooperação; (e) dever de prestar contas; (f) deveres de proteção e cuidado com a pessoa e o patrimônio da contraparte; (g) deveres de omissão e de segredo.[7]

Importa sublinhar que os deveres que incumbem tanto ao devedor quanto ao credor não estão orientados diretamente ao cumprimento da prestação ou dos deveres principais, como ocorre com os deveres secundários da prestação.

Os deveres laterais ou anexos são deveres de adoção de determinados comportamentos, impostos pela boa-fé em vista do fim do contrato, dada a relação de confiança que o contrato fundamenta.

---

6. Clóvis do Couto e Silva, *A Obrigação como Processo*, p. 30.
7. Manuel Araux Castex, *apud* Renan Lotufo, *Curso Avançado de Direito Civil – Parte Geral*, cit., vol. 1, p. 439.

De acordo com Clóvis Veríssimo do Couto e Silva, os deveres derivados da boa-fé apresentam graus de intensidade a partir da categoria dos atos jurídicos a que se ligam. Nos negócios bilaterais o interesse conferido a cada participante da relação jurídica (*mea res agitur*) encontra limites nos interesses do outro, também dignos de proteção. Nos negócios dirigidos a uma atividade exercida em proveito de terceiro, como a gestão de negócios, os negócios fiduciários, a boa-fé manda que se leve em conta o interesse da outra parte (*tua res agitur*). Nos negócios em que a cooperação é plena (*nostra res agitur*), como na sociedade, na comunidade familiar, a boa-fé manda que haja a dedicação a tarefa suprapessoal e exige disposição para trabalho conjunto.[8]

Entre os deveres secundários temos os deveres de indicação e esclarecimento; de cooperação e auxílio.

Os deveres de indicação e esclarecimento, por exemplo, dirigem-se ao outro participante da relação jurídica para tornar clara certa circunstância que o outro ignore, de que não tenha conhecimento perfeito ou, ainda, de que tenha conhecimento errôneo. É um dever imposto em favor do outro (*tua res agitur*). Cuida-se de dever que demanda uma declaração de conhecimento, e não de vontade; daí constituir-se em resultado do pensamento cognitivo e não volitivo.

O dever de cooperação é o necessário à consecução de determinado fim; o fim somente pode ser obtido com cooperação mútua.

A boa-fé como limite ao exercício de direitos subjetivos – A boa-fé não admite condutas que contrariem o mandamento de agir com lealdade e correção, pois só assim atingirá a função social que lhe é cometida.

No campo do direito da resolução do contrato, mostra sua face nos casos de adimplemento substancial do contrato, a proibir a resolução do contrato quando a parte já adimpliu substancialmente tudo a que se obrigara. O cumprimento próximo do resultado final exclui o direito de resolução, facultando apenas o pedido de adimplemento e o de perdas e danos.[9]

A boa-fé paralisa o direito de invocar a *exceptio non adimpleti contractus* nas hipóteses em que configura violação dos deveres contra-

---

8. Clóvis do Couto e Silva, *A Obrigação como Processo*, cit., p. 33.
9. Judith Martins-Costa, *A Boa-fé no Direito Privado*, p. 457.

tuais pela parte que a invoca. É a denominada *teoria dos atos próprios*, segundo a qual se entende que a ninguém é lícito fazer valer um direito em contradição com sua anterior conduta interpretada objetivamente segundo a lei, os bons costumes e a boa-fé. Essa teoria – a dos atos próprios – tem duas importantes vertentes. A primeira, denominada *tu quoque*, traduz a regra pela qual a pessoa que viola uma norma jurídica legal ou contratual não poderá, sem abuso, exercer a situação jurídica que esta mesma norma lhe tenha atribuído. A segunda vem expressa pela máxima que proíbe agir contra o próprio fato: *venire contra factum proprium*.[10]

1.3.3 O princípio da função social do contrato

A função social do contrato está inserida no ordenamento jurídico como princípio e cláusula geral. Enquanto princípio, a função social do contrato informa toda a compreensão do instituto, pouco importa o ramo de Direito a que esteja ligado. Enquanto cláusula geral, constitui valioso instrumento de elaboração e construção judicial, previsto no art. 421 do CC. O óbvio é que a função técnica do contrato não esgota sua verdadeira função. A função técnica está subordinada a uma função ideológica, valorativa, de atender aos reclamos da dignidade da pessoa humana e do solidarismo. A função social do contrato é mecanismo de controle do conteúdo do contrato, dos fins a serem atingidos e da repercussão dos efeitos do contrato no meio social. Ela significa que o conteúdo do contrato deve atender a fins sociais, a valores acolhidos e integrados no sistema. A função social é uma cláusula geral que permitirá ao magistrado controlar o conteúdo do contrato e negar-lhe eficácia todas as vezes que o conteúdo ou o fim do contrato mostrar-se conflitante com valores maiores albergados pelo sistema. Temos como suas manifestações: a conservação dos contratos; o adimplemento substancial. Além disso, a função social determina a elaboração de novos princípios contratuais e a redefinição dos velhos.

1.3.4 O princípio da função social da propriedade

A função social da propriedade é tema presente no pensamento social da Igreja Católica Apostólica Romana, que a enxerga como um

---

10. Judith Martins-Costa, *A Boa-fé no Direito Privado*, pp. 460 e 461.

direito subordinado à realização do bem comum. Na lição de Maria Sylvia Zanella Di Pietro, as Encíclicas *Mater et Magistra*, do Papa João XXIII, de 1961, e *Populorum Progressio*, do Papa João Paulo II, associam a propriedade à função de servir de instrumento para criação de bens necessários à subsistência de toda a Humanidade.[11] No âmbito jurídico, Léon Duguit, em 1912, sustentou, na obra que reuniu seis conferências por ele proferidas na Faculdade de Direito de Buenos Aires, a idéia de função social da propriedade.[12] Ele prega sua idéia de função social: o homem não tem direitos; a coletividade tampouco. Porém, todo indivíduo tem na sociedade uma certa função a cumprir, uma certa tarefa a executar. Este é precisamente o fundamento da regra de Direito que se impõe a todos. Em relação à propriedade a função assinalada é dupla: de um lado, o proprietário tem o dever e o poder de empregar a coisa que possui na satisfação das necessidades individuais e especialmente nas suas próprias, de empregar a coisa no desenvolvimento de sua atividade física, intelectual e moral; de outro lado, o proprietário tem o dever e, por conseguinte, o poder de empregar sua coisa na satisfação de necessidades comuns, de uma coletividade nacional inteira ou de coletividades secundárias.[13]

A função social da propriedade pode ser concebida como um poder-dever ou um dever-poder do proprietário de exercer seu direito de propriedade sobre o bem em conformidade com o fim ou interesse coletivo. A função social da propriedade nos textos constitucionais ganha projeção a partir da Constituição Federal de 1934, que, no art. 113, § 17, no título destinado à "Ordem Econômica e Social", garantia o direito de propriedade mas vedava seu exercício contra o interesse social ou coletivo, na forma que a lei determinasse. A Constituição de 1937 silenciou a respeito, assegurando o direito de propriedade, salvo a desapropriação por necessidade ou utilidade pública, mediante indenização prévia, no art. 122. A Constituição Federal de 1946, no art. 147, condicionou o uso da propriedade ao bem-estar social. Coube, no entanto, à Constituição Federal de 1967 estatuir de modo expresso a função social da propriedade, embora como princípio expresso da ordem econômica, no art. 157,

---

11. Maria Sylvia Zanella Di Pietro, *Direito Administrativo*, 10ª ed., p. 106.
12. Léon Duguit, *Les Transformations Générales du Droit Privé Depuis le Code Napoléon*, 2ª ed., p. 158.
13. Pedro Escribano Collado, *La Propiedad Privada Urbana*, p. 101.

III; o que foi mantido na Emenda 1/1969, no art. 160, III. Na Constituição Federal de 1988 a função social da propriedade recebeu expressa designação nos arts. 5º, XXIII, 170, III, 182, § 2º, e 186. Para Maria Sylvia Zanella Di Pietro, a Constituição delimitou o campo de aplicação do princípio da função social da propriedade na área urbana a uma adequação ao Plano Diretor do Município, de modo a obrigar o proprietário do terreno não-construído a nele edificar ou proceder ao seu parcelamento; e na área rural à idéia pacífica de correta utilização econômica da terra e sua justa distribuição, de modo a atender ao bem-estar social da coletividade.[14]

De fato, a função social da propriedade apresenta-se como uma idéia-valor da propriedade a fixar-lhe o conteúdo e a dirigir-lhe o exercício sempre para um fim social. A concretização dessa idéia-valor retratada como princípio ou cláusula geral é multiforme, isto é, pode ser feita de diversos modos, e encontra-se presente em outros institutos jurídicos conexos. No âmbito estritamente privado a função social da propriedade prevista no texto constitucional foi parcialmente acolhida no § 1º do art. 1.228 do CC de 2002, que condiciona o exercício do direito de propriedade à consonância com suas finalidades econômicas e sociais e de modo a que sejam preservados, de conformidade com o estabelecido em lei especial, a flora, a fauna, as belezas naturais, o equilíbrio ecológico e o patrimônio histórico e artístico, bem como evitada a poluição do ar e das águas. Afirmo que a função social da propriedade foi *parcialmente* acolhida no Código Civil porque o legislador, no art. 1.228, não conseguiu livrar-se do ranço de definir a propriedade a partir das faculdades reconhecidas ao proprietário, entre elas a de usar, gozar e dispor da coisa (CC, art. 1.228), quando, na verdade, o que importa é o fato de o exercício da propriedade ter que se revelar útil e proveitoso não apenas para quem é o titular do direito, mas também para a coletividade. Houve, no entanto, consideráveis avanços. O maior deles, a nosso ver, reside na dignidade conferida ao instituto da posse, até aqui concebida como um direito real de menor expressão se comparado com a propriedade, mas que, pela função social, ganha posição de destaque e proeminência sobre o próprio direito de propriedade, como se vê no usucapião *pro-labore* (CC, art. 1.240)e no § 4º do art. 1.228 do CC.

14. Maria Sylvia Zanella Di Pietro, *Direito Administrativo*, cit., 10ª ed., p. 107.

1.3.5 Princípio da igualdade de direitos e deveres dos cônjuges

O CC, no art. 1.511, reafirmou a igualdade de direitos e deveres dos cônjuges, prevista na Constituição Federal, que reflete a direção conjunta da sociedade conjugal, sempre no interesse do casal e dos filhos (CC, art. 1.567), cabendo ao juiz decidir em caso de divergência entre os cônjuges (CC, art. 1.567, parágrafo único), e uma responsabilidade, a co-responsabilidade pelos encargos da família (CC, art. 1.565), melhor explicitada pela regra do concurso, na proporção dos bens e dos rendimentos do trabalho, para o sustento da família e educação dos filhos, qualquer que seja o regime patrimonial (CC, art. 1.568); a fixação conjunta do domicílio do casal e a possibilidade de se ausentar do domicílio conjugal para atender a encargos profissionais, públicos ou privados, ou a interesses particulares relevantes, como cuidar de um ente querido enfermo (CC, art. 1.569); o exercício conjunto do poder familiar (CC, arts. 1.631 e 1.634).

1.4 Técnica legislativa do Código Civil

O Código Civil recorre, por obra do legislador, ao uso de conceitos jurídicos indeterminados e cláusulas gerais, sem dispensar, em certos casos, disciplina casuística exaustiva. Com o recurso a *conceitos jurídicos indeterminados*, definidos como termos ou expressões vagas, imprecisas e genéricas localizadas na hipótese de fato da norma, e com o recurso a *cláusulas gerais*, definidas como "formulações contidas na lei, de caráter genérico e abstrato, cujos valores devem ser preenchidos pelo juiz, autorizado para assim agir em decorrência da formulação legal da própria cláusula geral, que tem natureza de diretriz",[15] o legislador confere certa abertura e mobilidade ao sistema, enquanto com o método casuístico de disciplinar situações o legislador torna rígido e fechado o sistema. O Código Civil brasileiro de 2002 seguiu técnica legislativa que mescla esses dois modelos, o método casuístico e o método de cláusulas gerais e conceitos jurídicos indeterminados.

---

15. Nelson Nery Jr., *Novo Código Civil e Legislação Extravagante Anotados*, p. 7.

2. Personalidade

O Livro I da Parte Geral é dedicado às "Pessoas" e isto porque o Código adota a noção de "relação jurídica", cujos elementos são os sujeitos, o objeto e as conseqüências ou efeitos. As pessoas, naturais ou jurídicas, são os protagonistas das relações jurídicas. Pessoas são os seres a quem o Direito reconhece direitos e obrigações. São os sujeitos de direito. Pessoa é o titular do direito, o sujeito de direito. A personalidade, num sentido, é a capacidade de ser titular de direitos e também de ser sujeito passivo de deveres, obrigações. A personalidade e a capacidade de direito ou de gozo são a mesma coisa.

As pessoas naturais são os seres humanos; a elas contrapõem-se os entes criados pelo Direito e chamados de pessoas jurídicas ou morais, por se assemelharem às pessoas naturais naquilo que diz respeito à titularidade de direitos e deveres. Windscheid, citado por Pontes de Miranda, defendia que a expressão "pessoa fictícia" ou "pessoa fingida" seria melhor que "pessoa jurídica", porque a outra (pessoa natural) também é jurídica. Mas – explica Pontes de Miranda – "a pessoa jurídica está, aí, em senso estrito. Nenhuma das expressões usadas é boa: natural, física, jurídica, fingida, moral, mística. O melhor caminho é o de se chamar 'física' a que é correspondente a homem e 'jurídica' – subentendido *stricto sensu* – as outras".[16]

O Título I do Livro I é dedicado às "Pessoas Naturais". O Capítulo I desse Título é dedicado à personalidade e à capacidade. Preceitua o art. 1º: "Toda pessoa é capaz de direitos e deveres na ordem civil". Este artigo sofreu, em relação ao similar existente no Código Civil de 1916 (art. 2º), uma alteração de redação, pois houve a substituição do substantivo "homem" – que revelava uma forte inspiração do Direito Romano, que não reconhecia à mulher plena capacidade de direitos – por "pessoa".

2.1 Conceito

A *personalidade* é a aptidão genérica para ser titular de direitos e ficar sujeito ao cumprimento de obrigações e deveres. A personalidade corresponde à capacidade de direito ou de gozo.

---

16. Pontes de Miranda, *Tratado de Direito Privado*, t. 1, atualizado por Vilson Rodrigues Alves, Campinas, Bookseller, 1999, p. 210.

Hoje há plena coincidência entre ser pessoa e ter personalidade. Na antigüidade, não. Os escravos, por exemplo, eram pessoas, mas não se reconhecia a eles personalidade, isto é, não podiam ser sujeitos de direitos. Os escravos eram objetos de direitos, pois pertenciam a alguém, como se fossem coisas. Esta plena coincidência entre ser pessoa e ter personalidade é fruto do princípio da igualdade entre todos, um dos direitos universais do Homem.

2.2 Início da personalidade

A personalidade, também denominada capacidade de gozo de direitos, tem início com o nascimento com vida (art. 2º). Exigiu o Código Civil a vida, por mais breve que seja, como requisito para aquisição da personalidade, ignorando qualquer questão relacionada com a viabilidade da vida ou com a forma humana. Assim, mesmo que o bebê venha a morrer instantes depois ou, ainda, nasça com grave enfermidade ou deformidade que demonstre de plano sua inaptidão para a vida, tornar-se-á sujeito de direito; terá adquirido personalidade.

Nesse sentido a lição de Pontes de Miranda: "Quando o nascimento se consuma, a personalidade começa. Não é preciso que se haja cortado o cordão umbilical; basta que a criança haja terminado de nascer (= sair da mãe) com vida. A viabilidade, isto é, a aptidão a continuar a viver, não é de exigir-se. Se a ciência médica responde que nasceu vivo, porém seria impossível viver mais tempo, foi pessoa, no curto trato de tempo em que viveu".[17]

O início da personalidade sofre a influência de três correntes doutrinárias. A doutrina natalista considera o início da personalidade a partir do nascimento com vida. A doutrina da personalidade condicional considera o início da personalidade com a concepção, sob a condição de o nascimento ocorrer com vida. A doutrina concepcionista considera a concepção o início da personalidade. O Código Civil filiou-se à teoria natalista, e considerou o início da personalidade a partir do nascimento com vida, embora proteja desde a concepção os interesses do nascituro. A teoria concepcionista ganha adeptos. Silmara J. A. Chinelato e Almeida sustenta ter o nascituro personalidade desde a concepção. Ape-

17. Idem, p. 217.

nas certos efeitos de certos direitos patrimoniais dependem do nascimento com vida, como o direito de receber doação e o direito de receber herança.[18] Maria Helena Diniz também sustenta ser o momento da penetração do espermatozóide no óvulo o início legal da personalidade jurídica.[19] A favor da teoria concepcionista temos que o direito à vida, um dos direitos absolutos e fundamentais do homem, é reconhecido pela Convenção dos Direitos Humanos, no art. 4º – entre nós, Decreto 678, de 6.11.1992 –, desde o momento da concepção; o que significa que o feto seria titular de direitos fundamentais, entre eles a vida, não se lhe podendo negar personalidade jurídica. É possível sustentar ter nosso sistema jurídico acolhido e conciliado duas posições. A outorga de direitos personalíssimos, como a proteção à vida, ocorreria a partir da concepção, o que explicaria o fato de o nascituro ter assegurado o direito à vida e o direito à percepção de alimentos, enquanto a outorga de direitos patrimoniais, como o direito de suceder a uma herança, ocorreria a partir do nascimento com vida – teoria natalista.

2.2.1 Prova do nascimento

A prova do nascimento, como regra, é realizada pela certidão do assento no Registro Civil (CC, art. 9º, I). O nascimento deve ser comunicado ao Cartório de Registros no lugar em que se deu o parto ou no lugar da residência dos pais no prazo de 15 dias, que se amplia para o prazo de 3 meses para os lugares distantes da sede dos cartórios (art. 50 da Lei 6.015, de 31.12.1973).

O pai, a mãe, no impedimento de ambos o parente mais próximo, maior e presente, ou, na sua falta, os administradores dos hospitais, os médicos que tiverem assistido ao parto, as pessoas encarregadas da guarda do menor, devem efetuar a declaração de nascimento (art. 52 da Lei 6.015, de 31.12.1973).

O recém-nascido abandonado, considerado exposto, será registrado de acordo com as declarações que forem prestadas pela autoridade

---

18. Silmara J. A. Chinelato e Almeida, "O nascituro no Código Civil e no nosso direito constituendo", in Carlos Alberto Bittar (coord.), *O Direito de Família e a Constituição de 1988*.
19. Maria Helena Diniz, *Curso de Direito Civil Brasileiro – Teoria Geral do Direito Civil*, 24ª ed., vol. 1, São Paulo, Saraiva, 2007, p. 100.

ou pelo estabelecimento que o recolheu, devendo constar o dia, mês e ano, lugar e hora em que foi encontrado e idade aparente.

2.3 Nascituro

"Nascituro" indica aquele que há de nascer. Segundo Plácido e Silva, *nascituro* designa "o ente que está gerado ou concebido, tem existência no ventre materno: está em vida intra-uterina. Mas não nasceu ainda, não ocorreu o nascimento dele, pelo quê não se iniciou sua vida como pessoa".[20]

A idéia de nascituro pressupõe o desenvolvimento do feto no útero materno. As novas técnicas de fertilização *in vitro* e de congelamento de embriões humanos suscitam dúvidas quanto ao momento em que se deve considerar juridicamente o nascituro, já que a vida se inicia com a fecundação e a vida viável com a gravidez, que se dá com a implantação do ovo fecundado no útero materno (nidação). Em razão dessas novas técnicas, deve-se considerar nascituro *aquele que há de nascer* – e, portanto, passível de proteção o óvulo fecundado pelo espermatozóide, ainda que não implantado no útero materno.

2.4 Extinção da personalidade

A morte extingue a personalidade da pessoa natural (CC, art. 6º). Em razão disso, o patrimônio, atributo da personalidade do falecido, deve ser transmitido aos herdeiros. A morte ocupa lugar de destaque no direito das sucessões e é causa da transmissão dos bens aos herdeiros.

A sucessão é aberta no momento da morte do transmitente. Daí a importância de se comprovar a morte. *A morte real prova-se diretamente com a certidão de óbito* expedida por oficial de Registro Civil das Pessoas Naturais, lavrada à vista de atestado médico ou, excepcionalmente, à vista de declaração de duas pessoas que presenciaram ou verificaram a morte (art. 77 da Lei 6.015, de 31.12.1973).

O assento de óbito é a prova direta da morte biológica constatada por critérios médicos; daí o assento de óbito ser lavrado em vista de atestado médico.

---

20. De Plácido e Silva, *Vocabulário Jurídico*, p. 228.

A *morte real pode ser provada indiretamente* pelos meios probatórios admissíveis, especialmente nas hipóteses de desaparecimento de pessoas em incêndios, terremotos, inundações, acidentes aéreos, naufrágio de navios, campos de batalha ou quaisquer outras catástrofes (arts. 83-88 da Lei 6.515/1973).[21]

A *morte presumida* é admitida em nosso ordenamento jurídico nos casos em que é extremamente provável que ela tenha ocorrido, em razão de a pessoa estar em perigo de vida, em virtude de a pessoa, numa guerra, ter desaparecido em campanha ou ter sido capturada e dela não se ter notícia até 2 anos após o término da guerra (CC, art. 7º, I e II) e no caso de ausência prolongada, isto é, afastamento do domicílio sem deixar representante ou dar notícia decorridos 10 anos do trânsito em julgado da sentença que deferiu a sucessão provisória dos bens do ausente (art. 37 do CC), ou se o ausente conta com 80 (oitenta) anos e há pelo menos 5 anos não se recebe notícia dele (art. 38 do CC).

2.4.1 Comoriência

Está relacionada ao tema ora tratado a questão da *comoriência*. Define-a o art. 8º do CC como a hipótese do falecimento de duas ou mais pessoas ao mesmo tempo, sem se poder identificar quem morreu primeiro. Temos no fenômeno da comoriência dois fatos: (a) morte de duas pessoas potencialmente sucessoras uma da outra, que falecem ao mesmo tempo em razão de causa única (*v.g.*, acidente) ou não; (b) impossibilidade técnica de aferir com segurança quem faleceu por primeiro.

A definição do premoriente – aquele que morreu em primeiro lugar – é relevante, em decorrência de a morte implicar a transferência de pleno direito do patrimônio do falecido aos seus herdeiros. Situações

---

21. Segundo Walter Moraes (*Teoria Geral e Sucessão Legítima*), Vicente Ráo (*O Direito e a Vida dos Direitos*, 5ª ed., São Paulo, Ed. RT, 1999, n. 109, pp. 232-234) repreende o emprego da expressão "morte presumida", que algumas leis aplicam ao caso de constituição de prova indireta da morte quando dela há certeza. E a reprimenda vem a propósito, porque *presumida* é a morte do ausente. Quando há certeza da morte física, mesmo que o corpo não venha a ser encontrado ou não possa ser identificado, é porque circunstâncias tais envolvem o evento que não podem deixar dúvida da extinção real da pessoa. Não se presume tal morte. A constituição da prova é que segue via indireta. Teria sido mais acertado falar-se nesses diplomas legais em prova indireta da morte que em morte presumida.

de mortes próximas entre co-respectivos sucessores despertam algum interesse na constatação do premoriente. A premoriência deve ser constatada por prova pericial segura, confiável.

O Código Civil brasileiro rejeitou o sistema, baseado no Direito Romano, de estabelecer presunções ligadas a circunstâncias como a idade e o sexo: o homem morreria depois da mulher, e o mais novo morreria depois do mais velho. Caso não seja possível constatar quem morreu primeiro que o outro, o Código Civil brasileiro preferiu considerar ambos simultaneamente mortos, negando efeitos sucessórios entre eles. Nenhum direito fundado na precedência da morte pode ser transferido de uma para outra pessoa, sendo, então, chamado à sucessão aquele que tem de herdar, na falta dos que faleceram no desastre comum. É a regra do art. 8º do CC.

2.4.2 Ausência

A *ausência* é o desaparecimento de uma pessoa do seu domicilio sem dar notícias ou sem haver deixado representante ou procurador a quem caiba administrar-lhe os bens (CC, art. 22), ou que tenha deixado procurador que, contudo, não quer ou não pode continuar o mandato ou, ainda, que tenha recebido poderes insuficientes (CC, art. 23). A ausência, uma vez considerada, é pressuposto para nomeação de curador ao ausente, encarregado de praticar atos protetores do patrimônio do ausente, fixados pelo magistrado mediante recurso às regras que regem os institutos da tutela e da curatela (CC, art. 24).

A nomeação do tutor deve recair de preferência sobre o cônjuge do ausente que não esteja separado judicialmente ou de fato por mais de dois anos; e, na sua falta ou impossibilidade, a nomeação deve recair sobre os pais, sobre os descendentes mais próximos ou, na falta de pais ou descentes, sobre pessoa que o juiz escolher (CC, art. 25). A ausência seguida do decurso do prazo fixado no art. 26 do CC – isto é, um ano da arrecadação dos bens do ausente – é pressuposto, também, para a abertura de sucessão provisória.

2.4.2.1 Sucessão de ausentes – O ausente por definição legal é aquele que desapareceu do seu domicílio sem dar notícias de seu paradeiro e sem deixar representante ou procurador que lhe administre os bens (CC, art. 22) ou, deixando, este não queira mais continuar o mandato ou o tenha recebido com poderes insuficientes (CC, art. 23).

O instituto da ausência pode ser dividido em três fases bem distintas, mas interligadas. Na primeira fase, a da *curadoria dos bens do ausente*, há a arrecadação dos bens do ausente e a nomeação de um curador (CC, art. 24), normalmente o cônjuge, desde que não separado de fato ou judicialmente (CC, art. 25). Após a arrecadação dos bens publica-se edital a cada dois meses, durante um ano, anunciando a arrecadação e convocando o ausente a entrar na posse dos bens (CPC, art. 1.161). A curadoria cessa com o comparecimento pessoal ou do procurador ou a comprovação da morte do ausente. Se nenhuma das hipóteses ocorrer, passa-se à segunda fase: a da *sucessão provisória*. Decorrido um ano da arrecadação dos bens do ausente, os interessados (CC, art. 26) descritos no art. 27 do CC, podem pedir a abertura da sucessão provisória, que será declarada por sentença após o reconhecimento da ausência. Aberta a sucessão, realizam-se o inventário e a partilha dos bens, como se o ausente fosse o falecido. Os herdeiros são imitidos provisoriamente na posse dos bens, e, por isso, devem dar garantias de restituição dos bens (CC, art. 30). Dá-se a *sucessão definitiva* com a certeza da morte do ausente ou decorridos 10 anos depois de passada em julgado a sentença de abertura da sucessão provisória (CC, art. 37) ou, ainda, quando o ausente contar com 80 anos de idade e houverem decorrido 5 anos das últimas notícias a seu respeito (CC, art. 38). A sucessão tornar-se-á irreversível quando decorridos mais de 10 anos seguintes à abertura da sucessão definitiva (CC, art. 39, parágrafo único). Durante o decurso desse prazo o ausente pode reaver os bens existentes no estado em que se acharem, os sub-rogados em seu lugar ou o preço recebido pela alienação deles (CC, art. 39). Somente depois do decurso do prazo de 10 anos, contados da abertura da sucessão definitiva, é que o Município ou o Distrito Federal incorporará os bens arrecadados ao seu patrimônio (CC, art. 39, parágrafo único).

3. Capacidade

3.1 Capacidade de direito ou de gozo

A denominada *capacidade de direito ou de gozo* corresponde a um dos significados atribuídos à personalidade. A personalidade, como dito, concede ao ser humano a capacidade de adquirir direitos e de contrair obrigações. Essa capacidade não pode ser recusada ao ser humano.

3.2 Capacidade de exercício

Ao lado da capacidade de direito existe a denominada *capacidade de fato* ou *capacidade para o exercício de direitos*, também denominada *capacidade de agir*. Trata-se de idoneidade para atuar juridicamente, adquirindo direitos, exercendo-os, contraindo obrigações, cumprindo-as pessoalmente, por ato próprio ou exclusivo, ou por interposta pessoa. A pessoa dotada de capacidade de exercício age pessoalmente ou por um representante voluntariamente escolhido por ela, não necessitando ser substituída na prática do ato por um representante legal ou contar com o assentimento prévio ou posterior de outra pessoa, denominada assistente.[22] No Brasil são capazes de agir por conta própria os maiores de 18 anos que estejam no gozo das faculdades mentais, de modo a permitir-lhes o discernimento e a expressão da vontade, ou aqueles que, não obstante não tenham essa idade, alcançaram a emancipação, pela implementação de uma das causas descritas no art. 5º do CC: concessão dos pais; casamento; exercício de emprego público efetivo; colação de grau em curso de ensino superior; estabelecimento civil ou comercial, ou relação de emprego que permita ao menor com 16 anos completos ter economia própria.

4. Legitimidade

A *legitimidade* é instituto próximo da capacidade, mas com ela não se confunde. Ter legitimidade é ter, perante o Direito, condições de se apresentar ou ter a pretensão, não rechaçada de plano, de se apresentar como titular de interesse juridicamente protegido e exercer direitos em relação a ele. A legitimidade situa-se em plano diverso do da capacidade. Posso ser capaz mas não ter legitimidade para praticar determinado ato ou negócio jurídico. A falta de legitimidade corresponde a um impedimento ocasional e específico, como o que ocorre com os curadores e tutores que não podem adquirir bens dos tutelados e curatelados.

---

22. Carlos Alberto da Mota Pinto, *Teoria Geral do Direito Civil*, 3ª ed., Coimbra, Coimbra Editora, 1999, p. 214.

5. Incapacidade

A capacidade de agir ou a capacidade de exercício de direitos pode sofrer limitações em virtude de causas objetivas previamente estipuladas em lei, que podem aniquilá-la por completo ou apenas restringi-la, resultando naquilo que chamamos de *incapacidade* do sujeito. A incapacidade é a impossibilidade jurídica de exercer plenamente a capacidade de agir. A incapacidade comporta graus. Ela pode ser absoluta ou relativa.

5.1 Incapacidade absoluta

Na primeira hipótese – *incapacidade absoluta* – temos o aniquilamento da capacidade de agir, pelas seguintes razões: menoridade; enfermidade ou deficiência mental que retire o discernimento da pessoa; impossibilidade definitiva ou temporária de exprimir a vontade (art. 3º do CC).

5.1.1 Menoridade

Os menores de 16 anos são considerados absolutamente incapazes para os atos da vida civil. A incapacidade dos menores de 16 anos é geral, por abranger, em princípio, qualquer negócio de natureza pessoal e patrimonial. Esta regra deve ser recebida com reservas. Os menores de 16 anos podem praticar negócios jurídicos que estejam ao alcance de sua capacidade natural e não impliquem disposição de bens de grande valor. Ninguém, por exemplo, negaria ao menor de 16 anos capacidade para realizar pequenos negócios de consumo, como a compra de doces ou brinquedos.

A incapacidade absoluta do menor cessa com 16 anos; a partir daí, e até que complete 18 anos, ele apresenta uma incapacidade relativa, salvo se ocorrer uma das hipóteses que autorizem emancipá-lo. Trata-se, portanto, de uma incapacidade transitória e natural.

5.1.2 Enfermidade ou deficiência mental

Ao lado da menoridade, temos como causa de incapacidade a enfermidade ou deficiência mental que afete o discernimento da pessoa, isto é, sua capacidade crítica de elaborar avaliações a respeito daquilo que lhe convém. Assim, uma pessoa maior de 18 anos pode ser considerada absolutamente incapaz se for portadora de enfermidade ou deficiência mental que afete seu discernimento. A enfermidade ou a deficiência mental deve ser habitual ou duradoura e atual. É necessário, ainda, que seja declarada por sentença em que se reconheça a incapacidade da pessoa, conforme prescrevem os arts. 1.177 a 1.186 do CPC. A enfermidade ou deficiência mental não declarada judicialmente, denominada "natural", invalidará os atos ou negócios realizados quando for notória e, portanto, perfeitamente reconhecível pelo outro, e o ato ou negócio acarretar prejuízo ao incapaz. De acordo com a lição de Orlando Gomes, "quando a incapacidade natural não coincide com a incapacidade legal, o interesse de proteger o incapaz – permitindo-lhe anular o contrato – choca-se com o interesse da outra parte que ignorava estar a tratar com um insano mental, sendo necessário, para resolver o conflito, legitimar a faculdade de pedir a anulação com o preenchimento de três requisitos, exigidos na lei italiana e aceitos por alguns doutrinadores de outros países: (a) a incapacidade de entender ou querer; (b) a demonstração de que o agente sofreu grave prejuízo; (c) a má-fé do outro contraente".[23]

5.1.3 Impossibilidade de exprimir a vontade

Não importa a causa que leve a pessoa a não conseguir exprimir sua vontade. Pode ser uma doença temporária ou outra causa que a incapacite, como embriaguez ou intoxicação. Enquanto o fato impossibilitar à pessoa exprimir totalmente sua vontade, ela será considerada incapaz. É a regra do art. 3º, III, do CC: "os que, mesmo por causa transitória, não puderem exprimir sua vontade". Pablo Stolze Gagliano e Rodolfo Pamplona Filho ensinam que "o caráter temporário e a impossibilidade total de expressão da vontade são, simultaneamente, elementos essenciais para a configuração dessa forma de incapacidade absoluta. Se há patologia reconhecida ou definitividade na limitação, estar-se-á diante da hipótese do inciso II. Se, por outro lado, embora permanente a patologia, o discernimento é apenas reduzido, mas não

---

23. Orlando Gomes, *Introdução ao Direito Civil*, 10ª ed., Rio de Janeiro, Forense, p. 178.

suprimido, verificar-se-á a hipótese de incapacidade relativa prevista no art. 4º, II, do NCC".[24]

5.2 Incapacidade relativa

A incapacidade relativa ocorre, também, por causas ligadas a menoridade, embriaguez habitual, farmacodependência, deficiência mental e prodigalidade, que não levem a uma total eliminação da capacidade crítica (art. 4º do CC).

5.2.1 Menoridade

A maioridade é alcançada a partir dos 18 anos. Abaixo dos 16 anos temos a incapacidade absoluta. Entre os 16 e os 18 anos temos a incapacidade relativa, isto é, reconhece-se à pessoa nessa situação uma capacidade relativa para a prática de atos civis.

Os atos civis devem ser praticados com a assistência dos responsáveis legais, sob pena de serem considerados anuláveis (CC, art. 171, I). Os relativamente incapazes podem, no entanto, praticar alguns atos sem a assistência dos responsáveis legais. É o caso do testamento. Os maiores de 16 anos podem testar (CC, art. 1.860, parágrafo único).

5.2.2 Dependência química

Na mesma situação encontram-se aqueles que são dependentes de drogas químicas, como o álcool, a maconha ou a cocaína. A dependência dessas drogas afeta o discernimento da pessoa, razão pela qual os atos praticados por essas pessoas necessitam ser assistidos pelos respectivos representantes legais. De acordo com Carlos Alberto da Mota Pinto, "o abuso de bebidas alcoólicas ou de estupefacientes tem de importar uma alteração do caráter, ainda que traduzida apenas na anormal dependência dessas drogas, sem o quê não pode haver inabilitação".[25]

---

24. Pablo Stolze Gagliano e Rodolfo Pamplona Filho, *Novo Curso de Direito Civil – Parte Geral*, vol. I, p. 99.
25. Carlos Alberto da Mota Pinto, *Teoria Geral do Direito Civil*, cit., 3ª ed., p. 237.

5.2.3 Deficiência mental

A deficiência mental quando em grau menor não acarreta necessariamente a supressão total do discernimento, de modo que a pessoa não será privada por inteiro da capacidade de agir. A finalidade da regra foi permitir a integração dos portadores dessa deficiência no meio social, já que não estão privados de praticar atos jurídicos, devendo fazê-lo, contudo, com a assistência dos responsáveis legais.

5.2.4 Pródigo

O Código Civil não definiu o pródigo. No Direito Romano – narra-nos Moreira Alves – o conceito sofreu modificações. Primitivamente só era considerado pródigo o que gastava desordenada e loucamente os bens que, na qualidade de herdeiro legítimo, recebera como herança de seu pai. Com isso, com a interdição por prodigalidade eram protegidos os bens familiares. No Direito Clássico o conceito foi ampliado, para proteger qualquer espécie de bens, qualquer que fosse a procedência deles. Assim, pródigo passou a ser aquele que gasta desordenadamente e loucamente seus haveres. A proteção ampliadora deu-se por causa de duas razões: impedir a ruína do indivíduo pródigo e, com isso, evitar que ele, reduzido à miséria, se tornasse um fator de perturbação da ordem social; e proteger a quem age como um louco.[26]

Não se deve confundir a prodigalidade – atos habituais de dilapidação do patrimônio – com a administração infeliz ou pouco perspicaz dos bens. Ademais, os gastos devem ser desproporcionais relativamente aos rendimentos e injustificáveis. Desta forma, não há prodigalidade se as despesas são elevadas, mas cabem dentro do rendimento da pessoa, bem como não há prodigalidade se os atos, embora ruinosos ao patrimônio da pessoa, têm um fim digno ou nobre.[27]

A incapacidade do pródigo depende de prévia decretação judicial em ação de interdição. Uma vez decretada a interdição do pródigo, este estará privado de, sem curador, emprestar, transigir, dar quitação, alienar, hipotecar, demandar ou ser demandado e praticar, em geral, atos

---

26. José Carlos Moreira Alves, *Direito Romano*, vol. I, p. 128.
27. Carlos Alberto da Mota Pinto, *Teoria Geral do Direito Civil*, cit., 3ª ed., p. 236.

que não sejam de mera administração (CC, art. 1.782). Trata-se, portanto, de uma incapacidade restrita a algumas espécies de atos.

Sílvio de Salvo Venosa é da opinião de que, se a dissipação do patrimônio advém de uma doença que afeta sua saúde mental, o caso será de incapacidade absoluta, por falta de discernimento.[28] O Código Civil de 2002, ao não conter um artigo semelhante ao art. 460 do CC de 1916, ampliou o rol de pessoas autorizadas a promover a interdição do pródigo, dando-lhe uma extensão que ultrapassa os limites da família, que antes circundava o instituto. A legitimação estende-se a qualquer parente e até ao Ministério Público – o que levou Pablo Stolze Gagliano e Rodolfo Pamplona Filho a criticar o referido artigo, pois o que justificaria a interdição seria a preservação patrimonial dos bens do interdito, o que interessaria apenas a parentes, especialmente os herdeiros necessários.[29]

5.3 Determinação judicial da incapacidade

Afora a hipótese de menoridade, as demais causas de incapacidade devem ser determinadas judicialmente, isto é, torna-se necessária uma sentença que reconheça a incapacidade absoluta ou relativa da pessoa, assinalando sua extensão e nomeando, conforme o caso, curador para atuar como representante ou assistente do incapaz.

5.4 Causas que fazem cessar a incapacidade

A incapacidade decorrente da menoridade cessa aos 18 anos completos. Ocorrendo essa hipótese, a pessoa adquire capacidade plena de agir, de modo que, em tese, estará autorizada a praticar todos os atos da vida civil (CC, art. 5º).

A incapacidade relativa decorrente da menoridade cessa, também, pela emancipação, pelo casamento, pelo exercício de emprego público efetivo, pela colação de grau em curso de ensino superior e pelo exercício do comércio, de atividade civil ou emprego que resultem em independência financeira para o menor (art. 5º, I a V, do CC).

28. Sílvio de Salvo Venosa, *Direito Civil – Parte Geral*, 8ª ed., vol. 1, São Paulo, Atlas, 2008, p. 154.
29. Pablo Stolze Gagliano e Rodolfo Pamplona Filho, *Novo Curso de Direito Civil – Parte Geral*, cit., vol. I, p. 104.

5.4.1 Emancipação

A emancipação – ou o "suplemento de idade", como prefere Pontes de Miranda – corresponde a uma declaração de maioridade feita pelos pais ou pelo tutor se o menor tiver 16 anos completos. A emancipação é ato jurídico constitutivo pelo qual os pais que tenham o poder familiar concedem a suplementação de idade. A emancipação é ato aquisitivo da plena capacidade de agir antes do implemento da idade legal. Na primeira hipótese a emancipação é ato de vontade dos pais no exercício do poder familiar, que não pode ser suprido pelo magistrado, a ser manifestado em escritura pública e averbado no assento de nascimento do filho. Dispensa-se a presença do menor; trata-se de ato jurídico *stricto sensu* unilateral; admite-se, no entanto, que perante o juiz o menor possa argüir que a concessão da emancipação tem por objetivo prejudicá-lo.[30] O menor órfão ou cujos pais foram destituídos do poder familiar que se encontra sob os cuidados de um tutor só poderá ter sua maioridade antecipada pela emancipação se, ouvido o tutor, ela, ao final, for deferida pelo magistrado (CC, art. 5º, I). É a chamada "emancipação judicial". De acordo com o magistério de Caio Mário da Silva Pereira, em qualquer dos casos a emancipação é irrevogável e, uma vez concedida, habilita o beneficiado para os atos civis, como se tivesse atingido a maioridade.[31] A emancipação está apta a produzir efeitos com o registro no Cartório de Registro Civil, conforme determina o parágrafo único do art. 91 da Lei 6.015/1973.

5.4.2 Casamento

O casamento é o negócio jurídico pelo qual homem e mulher estabelecem plena comunhão de vida. A idade mínima para contrair casamento é 16 anos. Realizado o casamento, cessa automaticamente a incapacidade relativa para a prática dos atos civis, pois aquele que é suficientemente maduro para partilhar os encargos da vida em comum também é suficientemente maduro para a prática dos demais atos. A

---

30. Pontes de Miranda, *Tratado de Direito Privado*, cit., t. 1, p. 254.
31. Caio Mário da Silva Pereira, *Instituições de Direito Civil*, 19ª ed., vol. I, Rio de Janeiro, Forense, 2004, p. 196.

dissolução do casamento pela morte de um dos cônjuges, divórcio ou, mesmo, anulação não resulta na cessação dos efeitos da emancipação.

5.4.3 Exercício de emprego público efetivo

É a hipótese em que o menor é admitido para exercer cargo ou emprego público na Administração ou em qualquer dos outros dois Poderes.

5.4.4 Colação de grau em curso de ensino superior

Esta era uma hipótese rara de acontecer quando a maioridade civil estava fixada em 21 anos de idade. Reduzida a maioridade civil para 18 anos, será uma hipótese praticamente impossível de acontecer, pois apenas por volta dos 18 anos é que a pessoa ingressará em curso de ensino superior.

5.4.5 Estabelecimento civil, comercial ou relação de emprego que resultem em economia própria

Trata-se de hipótese em que, por estabelecimento civil, comercial ou relação de emprego, o menor tenha economia própria. Por "economia própria" entendo que do estabelecimento civil ou comercial ou, ainda, do emprego o menor deve retirar o necessário ao seu sustento. Trata-se de hipótese que acarreta a cessação automática da menoridade e torna inoperante a vontade contrária dos pais. Pablo Stolze Gagliano e Rodolfo Pamplona Filho sustentam que, com essa redação, "todas as normas da Consolidação das Leis do Trabalho e leis extravagantes que limitem a atuação do menor entre 16 e 18 anos estejam tacitamente revogadas, uma vez que seria um contra-senso imaginar que tal trabalhador teria alcançado a maioridade civil – que lhe autoriza praticar todos os atos jurídicos no meio social – mas não se possa firmar, por exemplo, um termo de rescisão de contrato de trabalho", conforme previsto no art. 439 da CLT. Da mesma forma – prosseguem os referidos autores –, "perderá sentido lógico a regra do art. 440 da CLT, que preceitua que 'contra os menores de 18 (dezoito) anos não corre nenhum prazo de prescrição', se a partir dos 16 anos ele já for emancipado pela celebração do contrato de trabalho subordinado. Neste caso, deve ser invocada a regra do art. 198, I, do NCC, que limita a não-contagem da prescrição aos incapazes do art. 3º, ou seja, *in casu*, justamente ao menor de 16 anos".[32]

5.5 Suprimento da incapacidade absoluta e relativa

5.5.1 Suprimento da incapacidade absoluta

A incapacidade absoluta é suprida pelo instituto da representação. A representação é forma de suprimento de incapacidade em razão de ser admitida a agir outra pessoa em nome e no interesse do incapaz. A representação é conferida aos pais no caso de incapacidade absoluta relacionada à menoridade. Pode ser conferida ao tutor caso o menor seja órfão de pai e mãe ou ambos tenham perdido o poder familiar que exerciam sobre a pessoa do filho. A representação é conferida ao curador nomeado pelo juiz no processo de interdição no caso de a incapacidade absoluta estar relacionada a enfermidade ou a deficiência mental que impeça o discernimento ou a manifestação de vontade do representado.

5.5.2 Suprimento da incapacidade relativa

A incapacidade relativa é suprida pelo instituto da assistência. A assistência corresponde a uma intervenção do assistente na prática do ato no sentido de autorizá-lo, sem dispensar, no entanto, a atuação do relativamente incapaz. O representante atua em lugar do incapaz, enquanto o assistente autoriza-o a agir, cabendo ao incapaz a iniciativa do ato. A assistência é forma de integração do ato conferida aos pais no caso de menores relativamente incapazes; ou ao curador no caso de dependentes químicos, deficientes mentais e pródigos, denominados genericamente de "inabilitados".

6. Direitos da personalidade

Outro sentido dado à personalidade é reconhecê-la a base para atribuição de uma série de direitos que seriam próprios e inatos à pessoa do

---

32. Pablo Stolze Gagliano e Rodolfo Pamplona Filho, *Novo Curso de Direito Civil – Parte Geral*, cit., vol. I, p. 117.

ser humano: os chamados *direitos da personalidade*. A personalidade seria o conjunto de caracteres próprios da pessoa. Esses caracteres seriam passíveis de defesa jurídica, quando violados. Daí o entendimento de que "direitos da personalidade são os direitos subjetivos da pessoa de defender o que lhe é próprio, ou seja, a identidade, a liberdade, a sociabilidade, a reputação, a honra, a autoria".[33]

A idéia de direitos da personalidade foi desenvolvida a partir da revisão da concepção de que os bens e interesses que a ordem jurídica protege são unicamente coisas, pessoas e produtos da invenção sobre os quais o indivíduo exerce seu senhorio.[34] Não se pode apontar num único momento histórico o reconhecimento dessa categoria de direitos. Sabemos que ela ganhou força com a Escola de Direito Natural e seu conjunto de direitos inatos, preexistentes e imediatos ao nascimento da pessoa e obteve considerável reforço com a Declaração dos Direitos dos Homens e do Cidadão. Os direitos da personalidade também ganharam projeção com a inclusão nos textos das Constituições do princípio da dignidade da pessoa humana. A inclusão deste princípio deu aos direitos da personalidade uma dimensão valorativa. Eles é que concretizam o princípio da dignidade da pessoa humana. As Constituições passaram também a prever em seus textos proteção específica a direitos da personalidade. Citamos, a título de exemplo, a CF brasileira de 1988, que, no art. 5º, protegeu a vida, a liberdade, a intimidade, a vida privada, a honra, a imagem (inciso X). Apenas com a promulgação do Código Civil de 2002 é que esta parcial constitucionalização de alguns direitos da personalidade teve sistematização adequada pelo direito privado.

6.1 Conceito

Os direitos de personalidade consistem em certo número de interesses protegidos juridicamente sobre os vários modos de ser físicos ou

---

33. Gofredo Telles, "Direito subjetivo – I", in *Enciclopédia Saraiva do Direito*, vol. 28, São Paulo, Saraiva, p. 315.
34. De acordo com Gilberto Haddad Jabur (*Liberdade de Pensamento e Direito à Vida Privada*, p. 32), " a idéia – revista por Andréas von Tuhr – de que os bens e interesses que a ordem jurídica protege não são unicamente coisas, pessoas e produtos da invenção sobre os quais o indivíduo exerce seu senhorio, mas também, e em primeiro plano, a própria pessoa, o próprio sujeito a cujo uso intelectual e corporal estão destinados todos os direitos a que se acaba de referir, solidificou-se e deu origem àquilo que se pode apelidar de *direitos subjetivos da personalidade*".

morais da personalidade. São os direitos subjetivos da pessoa de defender o que lhe é próprio, ou seja, sua integridade física (vida, alimentos, disposição do próprio corpo vivo ou morto, disposição do corpo alheio vivo ou morto, partes separadas do corpo vivo ou morto); sua integridade intelectual (liberdade de pensamento, autoria científica, artística e literária) e sua integridade moral (honra, recato, segredo profissional e doméstico, identidade pessoal, familiar e social).

6.2 Características

Os direitos da personalidade seriam *inatos ou originários*, no sentido de que surgem com o simples nascimento com vida, sendo desnecessário recorrer aos meios legais de aquisição. Sob esse prisma, para existirem, os direitos da personalidade não dependem da intervenção do legislador e do resultado desta intervenção, que é a lei. Os direitos da personalidade não resultam da vontade humana, que se mostra inapta para adquiri-los, modificá-los ou, mesmo, dispor deles.[35] Os direitos da personalidade decorrem do nascimento com vida; a aquisição de tais direitos dispensa a prática de ato de aquisição dependente da vontade do titular.

Os direitos da personalidade seriam essenciais. O ser humano necessita deles para externar o que sua constituição física e psíquica lhe proporciona. Eles, em suma, não podem faltar.

Os direitos da personalidade seriam vitalícios. Eles perduram por toda a vida. O ser vitalício em alguns casos transforma-se em perpetuidade, por ser o direito merecedor de proteção mesmo após a morte do sujeito, como o direito à honra.[36]

Os direitos da personalidade são extrapatrimoniais; eles dizem respeito ao ser, e não ao ter, embora as violações possam originar uma compensação em dinheiro e alguns deles possam prestar-se a ser explorados economicamente, como a permissão para uso ou venda da imagem. De acordo com Gilberto Haddad Jabur, dois, portanto, são os aspectos aptos a relacionar o caráter pecuniário com o conteúdo dos bens

---

35. Gilberto Haddad Jabur, *Liberdade de Pensamento e Direito à Vida Privada*, cit., pp. 42-43.
36. Idem, pp. 44-45.

personalíssimos: (a) a vontade exclusiva do titular de, de forma relativa e temporária, deles dispor, em vista ou não do proveito econômico; e (b) a lesão verificada, que sujeita o culpado à compensação da perda, mediante equivalência.[37] Os direitos da personalidade são relativamente indisponíveis. Não se admite a alienação de tais direitos, mas permitem-se a exploração econômica limitada de algumas manifestações desses direitos, como a cessão temporária do uso de imagem, e a renúncia de algumas dessas manifestações, como o que tolera certas violações à sua honra. Também não se admite que os direitos da personalidade sofram a constrição da penhora e possam ser objeto de execução. O caráter pessoal e de intransmissibilidade dos direitos da personalidade impede que eles possam ser penhorados, excutidos ou desapropriados. São bens fora do comércio jurídico.

Os direitos da personalidade são oponíveis a todos. Eles reclamam uma obrigação passiva universal de respeito, de abstenção.

Os direitos da personalidade são imprescritíveis. A eventual inércia do titular em exercê-los não acarreta a extinção deles. Pretensões indenizatórias decorrentes de violações perpetradas contra os direitos da personalidade podem prescrever, mas os direitos da personalidade – como a vida, a honra, a liberdade, a integridade física, a privacidade – são imprescritíveis.

6.3 Espécies

Os direitos de personalidade incidem sobre os vários modos de ser físicos ou morais da pessoa. É possível classificá-los a partir do critério dos *direitos relativos à integridade física* – e entre eles teríamos o direito à vida, o direito ao corpo e à saúde, o direito à destinação do cadáver – e do critério dos *direitos relativos à integridade moral ou espiritual* – estando entre eles o direito à liberdade (de consciência, de manifestação do pensamento, de crenças e de religião, de ser informado); o direito à honra; o direito à privacidade (intimidade e segredo); o direito à imagem; o direito à identidade pessoal (ao sobrenome e à descendência); o direito moral de autor intelectual.

---

37. Idem, p. 49.

A vida merece proteção integral. São proibidos o aborto, o homicídio e o suicídio. A integridade física também merece proteção. São proibidos a lesão corporal, os castigos corporais e a autolesão. O transplante de órgãos para fins terapêuticos – espécie de disposição do próprio corpo – é admitido apenas em caso de órgãos duplos (rins), partes recuperáveis e regeneráveis do órgão (fígado) ou tecido (pele, medula óssea), cuja remoção não traga risco para a integridade física do doador nem comprometa suas aptidões vitais, sua saúde mental, nem lhe provoque deformação ou mutilação (art. 9º, §§ 3º e 4º, da Lei 9.434/1997 e art. 13 e parágrafo único do CC).[38]

Também, ninguém pode ser obrigado ou constrangido a se submeter a tratamento médico ou intervenção cirúrgica que lhe traga risco de vida (CC, art. 15). Há, nesse caso – segundo Maria Helena Diniz –, o dever do médico de informar detalhadamente o paciente sobre seu estado de saúde e o tratamento a ser seguido, para que possa dar, ou não, seu consentimento livre e esclarecido.[39] Esse direito será deferido ao representante legal ou familiar mais próximo caso o estado de saúde da pessoa a impeça de manifestar sua concordância ou discordância com o tratamento médico. Melhor seria que a decisão de ministrar o tratamento ficasse a cargo do corpo médico, e não do familiar do paciente. A situação de emergência que impede o médico de consultar o paciente ou o familiar próximo obriga-o a ministrar o tratamento adequado e necessário mesmo sem prévia autorização; neste caso, o médico fica isento de responsabilidade pelo simples fato de ministrar o tratamento ou realizar a intervenção cirúrgica, pois o próprio CP, no art. 146, § 3º, não considera crime de constrangimento ilegal a intervenção médica ou cirúrgica sem o consentimento do paciente ou de seu representante legal se justificada por iminente perigo de vida.

A impossibilidade de submeter alguém a tratamento ou a intervenção cirúrgica exige que o tratamento ou a intervenção traga risco de vida ao paciente (CC, art. 15). Assim expressa o art. 15 do CC. A dúvida surge em relação ao tratamento ou intervenção cirúrgica sem risco de vida ao paciente mas que, por razões religiosas, são recusados. Deve-se

---

38. Maria Helena Diniz, *Curso de Direito Civil Brasileiro – Teoria Geral do Direito Civil*, cit., 24ª ed., vol. 1, p. 123.
39. Idem, p. 125.

respeitar a vontade do paciente, se maior e capaz, que, contudo, deverá assinar termo isentando o corpo médico de responsabilidade por danos à sua saúde. Se o paciente for menor ou incapaz e a recusa for dada por representante legal, há conflito de interesses entre representante e representado, de modo que é melhor provocar o magistrado para que decida.

Admite-se a disposição gratuita do corpo para depois da morte, desde que a finalidade seja científica ou socialmente relevante (art. 14 do CC).

O direito à liberdade consiste, em direito privado, na faculdade de praticar tudo que não é vedado em lei e nada fazer sem que a lei obrigue. São manifestações do direito à liberdade: a liberdade negocial, a liberdade matrimonial e a liberdade testamentária. A liberdade configura, também, o direito de ir, vir e permanecer em qualquer lugar e o de não ser preso exceto nas hipóteses constitucionalmente e legalmente previstas.

A honra é a avaliação subjetiva que cada ser humano tem a respeito de si e a avaliação que os outros fazem dele; o conceito, a fama, a consideração social de que ele goza na sociedade. De Cupis define-a como a dignidade pessoal refletida na consideração dos outros e no sentimento da própria pessoa. Diz o referido autor: "Pelo fato mesmo do nascimento, todo ser humano tem em si mesmo o bem da própria honra. A dignidade pessoal é inerente ao ser humano, e a este bem corresponde um direito cujo pressuposto único é a personalidade. Posteriormente, a posição adquirida pelo indivíduo na sociedade, o gênero de sua atividade, as qualidades pessoais que se desenvolvem com a idade, constituem elementos em que pode a honra individual suportar maior ou menor desenvolvimento. Remanesce, entretanto, o asserto de constituir a honra objeto de um direito nato; sem dúvida, o sexo, a raça, a nacionalidade, suscitam aspectos especiais no caso, mas o conceito de honra, ainda que proteiforme, guarda unidade fundamental".[40]

Intimidade e privacidade constituem também projeções da personalidade. É o direito ao segredo, a que certos fatos e acontecimentos relacionados à vida particular não sejam revelados, mesmo que o titular seja pessoa que ocupe função pública (CC, art. 21).

40. Adriano De Cupis, *Os Direitos da Personalidade*, p. 125.

A imagem protege os traços fisionômicos da pessoa; o seu retrato. É a representação física da pessoa, como um todo ou em partes separadas, na sua concepção como imagem-retrato. A proteção impede que essa imagem, captada por qualquer meio disponível, seja divulgada ou explorada economicamente sem a prévia autorização do seu titular (CC, art. 20).

O direito à imagem pode ser violado sem que necessariamente haja também violação do direito à intimidade e à privacidade, embora às vezes a violação de um implique a violação do outro.

Há autores que sustentam a existência daquilo que se convencionou chamar de "imagem-atributo", isto é, o conjunto de qualidades cultivadas pela pessoa e reconhecidas socialmente. Este conceito aproxima-se muito do conceito de honra, mas tem sua utilidade principalmente em relação às pessoas jurídicas, que não teriam honra, mas teriam imagem-atributo.

O CC de 2002, no art. 20, seguindo orientação doutrinária e jurisprudencial, admite o sacrifício do direito de imagem quando se tratar de pessoa notória, de pessoa no exercício de cargo público ou se a divulgação da imagem for necessária à administração da justiça e à manutenção da ordem pública.

O nome é um dos mais importantes atributos da pessoa física. O nome foi um dos primeiros aspectos da personalidade. O nome é o sinal exterior que serve para designar, identificar e reconhecer a pessoa na família e na sociedade. É o sinal distintivo e revelador da personalidade. Cada ser humano tem o direito a ter nome. Ele tem uma função identificadora.

O nome da pessoa é composto, atualmente, de um prenome e do respectivo apelido de família, também chamado de sobrenome (CC, art. 16). O prenome é individual e pode ser escolhido livremente pelos representantes legais da pessoa, desde que não seja vexatório (art. 55, parágrafo único, da Lei 6.015/1973). A rigor, é imutável (art. 58 da referida lei). A lei, no entanto, admite a retificação quando houver erro gráfico e a alteração quando o prenome sujeitar a pessoa a escárnio, a deboche, a humilhação, causar-lhe embaraço na vida, como no caso de homonímia, ou não retratar, como deveria, a função identificadora da pessoa, caso em que ele poderá ser substituído por apelidos públicos notórios permitidos por lei. O nome de família, apelido de família ou patronímico revela a procedência da pessoa e indica sua filiação. É imutável.

O pseudônimo também designa a pessoa, sem ser, no entanto, o nome civil. Sua função é nomear. O pseudônimo recebe a mesma proteção concedida ao nome (CC, art. 19).

6.4 Tutela dos direitos da personalidade

O desrespeito a um direito de personalidade consagrado pode dar ensejo à modalidade de tutela judicial que iniba a ocorrência ou a continuidade da violação do direito de personalidade. É a dicção da primeira parte do art. 12 do CC: "Pode-se exigir que cesse a ameaça, ou a lesão, a direito da personalidade, (...)". Cuida-se, então, da chamada tutela inibitória, cuja função é evitar ou fazer cessar os atos que violem o direito de personalidade. Assim, por exemplo, pode-se evitar o dano à honra ou à imagem de uma pessoa a ser produzido pela divulgação de matéria jornalística pela apreensão da revista ou do jornal ou proibição de exibição da matéria. Gilberto Haddad Jabur defende que: "A ação inibitória e a ação para remoção do ato ilícito apresentam-se como espécies de tutela preventiva de indisputável eficácia à contenção e paralisação dos abusos no domínio da comunicação social. São espécies de ação processual preventiva que nada dizem com a ocorrência culposa ou danosa. A inibição pretende, sob coação, demover o agente da prática (ou da continuação) ou da repetição do ato ilícito (de, por exemplo, divulgar aspecto de reserva pessoal desautorizado e distante do interesse público que pudesse justificar a veiculação da notícia). A supressão ou remoção do ilícito concerne à determinação, sem espaço para acatamento do demandado, para interromper a causa do ilícito e o fluxo de seus efeitos. É medida que ceifa a causa do próprio ilícito (*v.g.*, para apreender e retirar de circulação periódico no qual se contém artigo ou editorial de inveracidade comprovada, disforme ou ofensivo à reputação alheia)".[41]

---

41. Gilberto Haddad Jabur, tese de doutorado (ainda não publicada) intitulada *Efeitos Jurídicos da Ameaça ou Lesão a Direitos Personalíssimos por Fato de Comunicação Social*, p. 285.

O desrespeito a um direito de personalidade consagrado pode dar ensejo, igualmente, a uma tutela reparatória, isto é, sujeitar o autor do dano a ter que indenizar perdas e danos sofridos pela vítima, conforme dispõe a parte final do art. 12 do CC: "(...) e reclamar perdas e danos, sem prejuízos de outras sanções previstas em lei".

Capítulo 2
PESSOA JURÍDICA

1. Considerações gerais. 2. Elementos constitutivos das pessoas jurídicas. 3. Espécies de pessoas jurídicas: 3.1 Pessoas jurídicas de direito público: 3.1.1 Pessoas jurídicas de direito público externo – 3.1.2 Pessoas jurídicas de direito público interno – 3.2 Pessoas jurídicas de direito privado: 3.2.1 Associações e sociedades civis: 3.2.1.1 Associações – 3.2.1.2 Sociedades – 3.2.2 Fundações: 3.2.2.1 Espécies de fundações – 3.2.2.2 Fins da fundação – 3.2.2.3 Modo de constituição – 3.2.2.4 O patrimônio das fundações – 3.2.2.5 Alteração dos estatutos – 3.2.2.6 Extinção das fundações. 3.2.3 Organizações religiosas. 3.2.4 Partidos Políticos. 4. Desconsideração da personalidade jurídica: 4.1 Aplicação da Teoria da Desconsideração.

1. Considerações gerais

A existência de uma sociedade juridicamente organizada pressupõe o reconhecimento de existência autônoma ao ente encarregado de organizar e disciplinar essa mesma sociedade, a quem denominamos de Estado.

Mas não apenas ao Estado ou a outras pessoas jurídicas de direito público interno com capacidade política se reconhece personalidade jurídica. A personalidade jurídica é atribuída também às chamadas pessoas jurídicas de direito privado. Assim, são sujeitos de direito não somente as pessoas naturais, isto é, os seres humanos nascidos com vida, mas as pessoas morais ou coletivas, criadas pelo homem com o objetivo de atender a determinadas finalidades.

É um fato entre nós a outorga de capacidade de direito e de agir a um conjunto de pessoas ou a um conjunto de bens vinculados ao alcance de dadas finalidades, dotando-os de autonomia. A atribuição de personalidade jurídica às chamadas pessoas coletivas é um importante instrumento técnico-jurídico, que tem fundamento diverso daquele que justifica a concessão de personalidade à pessoa natural.

Na pessoa natural o reconhecimento de personalidade jurídica decorre da realização dos princípios da dignidade da pessoa humana e da igualdade. Com efeito, não há como realizar o princípio da dignidade da pessoa humana sem atribuir personalidade ao ser humano, isto é, sem lhe reconhecer a titularidade de direitos e obrigações. Por outro lado, o princípio da igualdade requer que para todos, sem exceção, pelo fato neutro do nascimento – e, portanto, independentemente de sexo, cor, raça, ou posição social –, seja reconhecida a possibilidade de ser titular de direitos e de obrigações.

Na pessoa moral ou coletiva, também chamada jurídica, a atribuição de personalidade é um meio indispensável para a realização de interesses comuns de caráter duradouro ou de custos elevados, incompatíveis com a temporalidade, a finitude da existência humana e a limitação de recursos financeiros. A pessoa jurídica serve para realizar empreendimentos duradouros ou que demandam consideráveis recursos. Além disso, há de se considerar que a personalização constitui uma técnica eficiente de separação de riscos e responsabilidades, o que justifica a proliferação cada vez maior de pessoas jurídicas, a partir do desmembramento ou repartição de outras pessoas jurídicas.

2. Elementos constitutivos das pessoas jurídicas

A constituição de uma pessoa jurídica demanda, basicamente, a presença de dados da realidade que atuam como condições materiais de sua existência, denominados de substrato ou suporte, e o reconhecimento. *Substrato* e *reconhecimento* compõem uma pessoa jurídica.

O substrato consiste nos dados da realidade que atuam como condições materiais de existência da pessoa jurídica. O substrato é composto de *pessoas, bens, finalidade, móvel* e *organização*. Sem a presença deles não há condições para que se alcance o reconhecimento, pelo Estado, da atribuição de personalidade jurídica àquele ente coletivo.

O *pressuposto pessoal* está presente em certos tipos de pessoas jurídicas, pois nelas constatamos a presença de um grupo de pessoas, naturais ou jurídicas, que se reúnem para criá-las. A estas pessoas denominamos sócios ou associados. Pode existir ou não patrimônio, mas neste modelo o patrimônio não é pressuposto fundamental para a configuração da pessoa jurídica, que, como dito, concentra-se no pressuposto pessoal, isto é, na reunião das pessoas físicas ou naturais.

O *pressuposto real* está presente noutros tipos de pessoas jurídicas que privilegiam o conjunto de bens, o patrimônio. Portanto, a pessoa jurídica é constituída não a partir da reunião de pessoas em torno de um fim comum, mas certo patrimônio é afetado ao cumprimento de uma finalidade, que será realizada de forma melhor com a atribuição de personalidade jurídica a esse patrimônio.

Se a ênfase nas pessoas ou nos bens pode variar nas pessoas jurídicas, a *finalidade*, o *móvel* e a *organização* estão presentes em todas as espécies de pessoas jurídicas.

O *fim ou pressuposto teleológico* corresponde à finalidade perseguida pela pessoa jurídica. Toda pessoa jurídica deve perseguir um fim, que, por sua vez, deve ser determinado e não-ofensivo à moral e aos bons costumes. O fim pode ser altruístico com maior ou menor intensidade – isto é, buscar o bem comum de todos ou de poucos – ou, ainda, ser egoístico, por almejar o lucro.

O *móvel ou pressuposto intencional* configura a intenção de constituir uma nova pessoa jurídica distinta da pessoa dos associados ou do fundador. A exigência decorre do fato de a constituição de toda e qualquer pessoa jurídica ter origem num negócio jurídico.

A *organização ou o pressuposto organizatório* configura a ordem unificadora no agir das pessoas ou na utilização dos bens dada por um conjunto de normas contidas nos estatutos, nos contratos ou nos atos de instituição e por órgãos que as compõem, realizadores da função deliberativa e da função executiva. Os órgãos são de deliberação quando resolvem ou decidem sobre os negócios da pessoa jurídica. São exemplos de órgão de deliberação a assembléia-geral ou o conselho deliberativo. Os órgãos são de execução quando representam a pessoa coletiva nas suas relações com terceiros.

Presentes todos esses pressupostos é que deverá ocorrer o reconhecimento. O *reconhecimento* é um pressuposto formal. É um pressuposto de direito. É ele que irá atribuir a qualidade de sujeito de direito, isto é, a personalidade, a todos os pressupostos reunidos.

O reconhecimento, enquanto ato estatal formal, pode ser geral ou individual. O primeiro, denominado *geral*, prevê o reconhecimento desde que preenchidos os requisitos exigidos em ato normativo geral, sem necessidade de manifestação individual própria e específica do Estado por qualquer dos seus agentes. É o que ocorre com as associações e sociedades em nosso Direito, que adquirem personalidade jurídica com o registro do estatuto ou contrato social no Registro de Pessoas Jurídicas. O segundo, denominado *individual*, demanda e exige a prática de um ato individual do Estado autorizando ou aprovando a atribuição de personalidade, o que ocorre com as fundações, cuja constituição deve ser aprovada pelo curador de fundações.

3. Espécies de pessoas jurídicas

Entre as espécies de pessoas jurídicas temos as consideradas de *direito público* e as consideradas de *direito privado*. As pessoas de direito público têm capacidade política – como a União, Estados, Municípios, Distrito Federal – ou apenas capacidade administrativa – como as autarquias. O art. 40 do CC prescreve que "as pessoas jurídicas são de direito público, interno ou externo, e de direito privado".

3.1 Pessoas jurídicas de direito público

3.1.1 Pessoas jurídicas de direito público externo

Prescreve o art. 42 do CC como "pessoas jurídicas de direito público externo os Estados estrangeiros e todas as pessoas regidas pelo direito internacional público".

3.1.2 Pessoas jurídicas de direito público interno

Enumera o art. 41 do CC como pessoas jurídicas de direito público interno a União, os Estados, o Distrito Federal, os Territórios, os Municípios, as autarquias, inclusive as associações públicas, e as demais entidades de caráter público criadas por lei. A União, os Estados, o Distrito Federal e os Municípios são pessoas de direito público interno com capacidade política, isto é, dotadas de poder legislativo. Estas pessoas integram a organização político-administrativa da República Federativa do Brasil (CF, art. 18).

De acordo com a lição de Dalmo de Abreu Dallari, *apud* Alexandre de Moraes, o federalismo é uma aliança ou união de Estados baseada numa Constituição e onde os Estados que a integram perdem sua soberania no momento mesmo do ingresso, preservando, contudo, uma autonomia política limitada.[1] Os Territórios, por sua vez, são simples descentralizações administrativas-territoriais da própria União (CF, art. 18, § 2º). As autarquias são "pessoas jurídicas de direito público de capacidade exclusivamente administrativa", o que lhes permite titularizar interesses públicos.[2]

O parágrafo único do art. 41 do CC prescreve, ainda, que, "salvo disposição em contrário, as pessoas jurídicas de direito público, a que se tenha dado estrutura de direito privado, regem-se, no que couber, quanto ao seu funcionamento, pelas normas deste Código". Uma interpretação que pretenda dar alguma aplicabilidade a este parágrafo do art. 41 pende para considerar submetidas a este artigo as fundações públicas criadas por lei, com a estrutura de direito privado, embora a natureza delas seja a de pessoas jurídicas de direito privado.

O art. 43 do CC prescreve a responsabilidade objetiva das pessoas jurídicas de direito público interno por atos comissivos praticados por seus agentes a terceiros. O teor deste artigo está em consonância com o prescrito pelo art. 37, § 6º, da CF, exceto no que diz respeito à extensão da responsabilidade objetiva às pessoas jurídicas de direito privado prestadoras de serviços públicos, contemplada no referido artigo, mas omitida no art. 43 do CC.

Interessa-nos o estudo das pessoas jurídicas de direito privado. Estas são as associações, as sociedades e as fundações.

3.2 Pessoas jurídicas de direito privado

São pessoas jurídicas de direito privado as associações, as sociedades, as fundações, as organizações religiosas e os partidos políticos (CC, art. 44).

---

1. Alexandre de Moraes, *Constituição do Brasil Interpretada e Legislação Constitucional*, p. 647.
2. Celso Antônio Bandeira de Mello, *Curso de Direito Administrativo*, p. 160.

3.2.1 Associações e sociedades civis

As associações e as sociedades são conhecidas como corporações justamente por se constituírem ao redor de pessoas. A base da constituição das associações e das sociedades é a coletividade de pessoas que se reúnem para criar a pessoa jurídica.

O fim ou elemento teleológico presente nelas é o fim altruístico nas associações e o fim egoístico nas sociedades. Nas associações o fim altruístico pode variar de intensidade. Há associações que prestam atendimento universal, isto é, a todos aqueles que necessitam, enquanto outras associações prestam atendimento restrito, isto é, apenas aos seus associados, e que são chamadas de "auxílio-mútuo".

Ambas têm o *animus personificandi*, isto é, o propósito de constituir uma nova pessoa. O pressuposto organizatório é dado pelo estatuto nas associações e certas sociedades, ou pelo contrato social em outras sociedades, chamadas de "contratuais". Tanto o estatuto como o contrato social define a organização, a administração, os objetivos e as demais relações entre os associados e os sócios.

As associações e sociedades são regidas por uma vontade interna. Os órgãos deliberativos podem, dentro dos critérios preestabelecidos, alterar os rumos dessas associações e sociedades. O estatuto ou o contrato social deve conter os fins, a denominação da entidade, a sede da instituição, o modo de administração, o modo de representação, as responsabilidades dos membros, as condições de extinção e o destino do patrimônio da entidade.

Os estatutos ou os contratos sociais devem ser inscritos e arquivados nos Cartórios de Registro Civil das Pessoas Naturais, para as associações e sociedades civis, e nas Juntas Comerciais, para as sociedades comerciais.

A existência da pessoa jurídica começa, como dito acima, com a inscrição, no Registro, do contrato ou estatuto.

3.2.1.1 Associações – A associação pode ser definida como "entidade de direito privado, formada pela reunião em caráter estável de pessoas, com objetivo não-lucrativo, regida por contrato ou por estatuto, com ou sem capital".³ Renan Lotufo define-a como a pessoa jurídica que resulta da união de indivíduos com fins ideais, não-econômicos.⁴

As associações nascem de vontades convergentes quanto à sua criação e finalidade. Elas, como dito, não prevêem proveito econômico, nem partilha dos resultados, o que não as impede de atribuir obrigações aos seus integrantes, inclusive de ordem pecuniária, para a consecução dos fins.⁵ É por isso que "não há, entre os associados, direitos e obrigações recíprocos" (CC, art. 53, parágrafo único).

A associação pode visar ao interesse pessoal dos associados ou pode visar ao interesse de terceiros. Os "fins não-econômicos previstos" no art. 53 do CC dizem respeito àqueles que possam resultar em favor dos associados; mas a associação, enquanto pessoa jurídica, não fica inibida de efetuar negócios e obter resultados econômicos com o propósito de empregá-los em seus fins.⁶

O CC, no art. 53, menciona "união de pessoas" e não faz referência a "união de indivíduos", de modo que há divergências sobre se as associações podem resultar da união não apenas de indivíduos, mas também de pessoas jurídicas. Renan Lotufo defende a idéia de que o art. 53 do CC não quis abarcar a possibilidade da constituição de uma associação por pessoas jurídicas.⁷

A associação organiza-se por um estatuto. O estatuto a constitui e a estrutura. O art. 54 do CC estabelece o conteúdo mínimo do estatuto: a denominação, isto é, o nome da associação; os fins, dentre aqueles admitidos: educacionais, culturais, científicos; a sede, isto é, o domicílio da associação; os critérios para admissão e exclusão dos associados; os

---

3. Antônio Chaves, "Associação civil", in *Enciclopédia Saraiva de Direito*, vol. 8, p. 274.
4. Renan Lotufo, *Código Civil Comentado – Parte Geral*, vol. 1, p. 156.
5. Idem, ibidem.
6. Idem, ibidem. Neste sentido Pablo Stolze Gagliano e Rodolfo Pamplona Filho (*Novo Curso de Direito Civil – Parte Geral*, vol. I), para quem, "pelo fato de não perseguir escopo lucrativo, a associação não está impedida de gerar renda que sirva para a mantença de suas atividades e pagamento do seu quadro funcional. Pelo contrário, o que se deve observar é que, em uma associação, os seus membros não pretendem partilhar lucros (*pro labore*) ou dividendos, como ocorre entre os sócios nas sociedades civis e mercantis. A receita gerada deve ser revertida em benefício da própria associação, visando à melhoria de sua atividade".
7. Renan Lotufo, *Código Civil Comentado – Parte Geral*, vol. 1, p. 157.

direitos e deveres dos associados; as fontes de recursos; o modo de constituição e de funcionamento dos órgãos deliberativos; as condições para alteração das disposições estatutárias e as hipóteses para dissolução; e, por derradeiro, a forma de gestão administrativa e de aprovação das respectivas contas.

O art. 55 do CC estabelece que "os associados devem ter iguais direitos, mas o estatuto poderá instituir categorias com vantagens especiais". A interpretação deste artigo permite concluir que os direitos ditos fundamentais dos associados devem existir para todos, em condições de igualdade.

Podemos enumerar como direitos fundamentais do associado o de participar das deliberações nas assembléias, manifestando-se ou votando; o de perseguir os fins da associação. A exceção à igualdade dos direitos dos associados deve restringir-se a direitos não-fundamentais e estar amparada em situação objetiva justificadora da discriminação, como o reconhecimento de qualidades no associado que lhe permitam receber qualificação honorífica ou identificadora de maior participação na vida associativa, o que o desonera do encargo de contribuir, como no caso dos associados remidos.[8]

"A qualidade de associado é intransmissível, se o estatuto não dispuser o contrário" (CC, art. 56). Este dispositivo, segundo Renan Lotufo, reforça a idéia de que as associações refletem em geral comunhão de ideais de pessoas humanas, de sorte que, fixado o fim, tem-se o caráter pessoal do vínculo, reafirmado na regra geral da intransmissibilidade da qualidade de associado.[9]

Se o associado for titular de quota ou fração ideal do patrimônio da associação, a transferência daquela não importará, de per si, a atribuição da qualidade de associado ao adquirente ou ao herdeiro, salvo disposição diversa do estatuto, segundo o disposto no CC, art. 56, parágrafo único. O citado parágrafo único distingue o aspecto patrimonial do aspecto pessoal, de modo que a transmissão do patrimônio não resulta necessariamente na atribuição da qualidade de associado ao adquirente ou ao herdeiro. Há, portanto, direito à realização do valor daquela quota ou fração ideal, mas não direito à inclusão no quadro de associados.

8. Idem, p. 160.
9. Idem, p. 161.

O estatuto, como dito, pode prever a exclusão do associado. A exclusão, no entanto, depende da verificação de "justa causa, assim reconhecida em procedimento que assegure direito de defesa e de recurso, nos termos previstos no estatuto" (CC, art. 57). O associado tem o direito de permanecer como membro da associação. Este direito cede diante de faltas por ele cometidas, previstas no estatuto ou admitidas em assembléia, que justifiquem a aplicação da pena de exclusão. Estas hipóteses não podem ser ampliadas, por ser a exclusão uma medida restritiva de direitos.

A associação tem seus órgãos deliberativos e executivos. O órgão deliberativo por excelência é a assembléia-geral, definida como a reunião da totalidade dos membros ou da expressiva maioria dos membros que compõem a associação.[10]

A assembléia-geral ocorre por convocação na conformidade do que estiver previsto no estatuto; o estatuto deve prever, sob pena de nulidade, os modos de constituição e funcionamento dos órgãos deliberativos (CC, art. 54, V). É a hipótese de convocação que denominados de ordinária, que, via de regra, ocorre uma vez por ano. O CC, no art. 60, garantiu a um quinto dos associados o direito de promover a convocação da assembléia-geral justamente para evitar que diretores estatutários possam obstar à convocação da assembléia-geral para deliberar sobre determinado assunto. É uma das hipóteses de convocação extraordinária, que pode ocorrer sempre que necessário.

Certos assuntos só podem ser decididos pela assembléia-geral. Cabe-lhe, com exclusividade, destituir os administradores e alterar o estatuto (CC, art. 59). Para destituir os administradores e alterar o estatuto é "exigido deliberação da assembléia especialmente convocada para esse fim, cujo *quorum* será o estabelecido no estatuto, bem como os critérios de eleição dos administradores".

A associação pode ser dissolvida. A dissolução pode ocorrer por diversas causas. Pode ser que o estatuto tenha estabelecido um prazo de duração da associação, findo o qual ela estará dissolvida. Pode ser que o estatuto não tenha estabelecido um prazo para duração da associação; e, nesse caso, a dissolução pode ocorrer por inviabilidade de continuação dos propósitos sociais ou, ainda, por decisão dos associados.

10. Idem, p. 164.

Dissolvida a associação, põe-se o problema do destino do seu patrimônio. O art. 61 do CC procura disciplinar o assunto. É preciso distinguir as situações. Pode ocorrer, numa primeira hipótese, que os associados sejam titulares de quota ou fração ideal do patrimônio da associação (CC, art. 56), e neste caso deve haver o pagamento aos associados do valor representativo da quota ou fração ideal. Remanescendo patrimônio ou não havendo direito ao recebimento de quota ou fração ideal do patrimônio da associação, por cláusula do estatuto ou, no seu silêncio, por deliberação dos associados, estes podem receber em restituição, atualizado o respectivo valor, as contribuições que tiverem prestado ao patrimônio da associação (CC, art. 61, § 1º).

Ainda remanescendo patrimônio, este deverá ser destinado às entidades de fins não-econômicos designadas no estatuto; ou, omisso este, por deliberação dos associados, a instituição municipal, estadual ou federal de fins idênticos ou semelhantes; ou, inexistindo instituição nessas condições, o patrimônio remanescente será devolvido à Fazenda do Estado, do Distrito Federal ou da União (CC, art. 61, § 2º).

Nos casos de dissolução da associação, sua personalidade jurídica subsistirá para fins de liquidação, até que esta se conclua (CC, art. 51).

3.2.1.2 Sociedades – A sociedade pode ser definida como a entidade de direito privado, formada pela reunião de duas ou mais pessoas, com determinado fim comum lucrativo, regida por contrato ou estatuto, com capital. O Código Civil de 2002 disciplinou a sociedade no livro referente ao "Direito de Empresa".

Espécies – A sociedade pode ser empresária ou simples, classificação que substituiu a que especificava as sociedades em civis ou mercantis.

A sociedade empresária é a pessoa jurídica que exerce atividade econômica organizada para produção ou circulação de bens ou serviços – conceito a que se chega pela interpretação conjunta do art. 982 com o art. 966 do CC, conforme lição de Pablo Stolze Gagliano e Rodolfo Pamplona Filho.[11] A sociedade empresária pode assumir diversas for-

---

11. Pablo Stolze Gagliano e Rodolfo Pamplona Filho, *Novo Curso de Direito Civil – Parte Geral*, vol. I, p. 221.

mas, tais como: sociedade em nome coletivo; sociedade em comandita simples; sociedade limitada; sociedade anônima; sociedade em comandita por ações.

A sociedade simples é a pessoa jurídica que persegue proveito econômico, mas não empreende atividade comercial, o que a dispensa de inscrever seus atos constitutivos no Registro Público de Empresas Mercantis, não obstante esteja obrigada a inscrevê-los no Cartório de Registro Civil de Pessoas jurídicas. Seriam as sociedades civis. De acordo com Rubens T. Velosa, "foi a forma encontrada pelo legislador para substituir as sociedades civis previstas no art. 1.363 do CC revogado, fazendo-o, porém, com maior e melhor amplitude".[12]

A sociedade simples pode ser utilizada em todas as atividades consideradas não-empresárias, como o exercício da atividade rural, da atividade econômica no campo, no âmbito da profissão intelectual, de natureza científica, literária ou artística; sendo que em relação ao exercício de profissão intelectual há que se observar a ressalva constante do parágrafo único do art. 966 do CC no caso de o referido exercício da profissão constituir elemento de empresa, caso em que será considerada empresária a sociedade – e, como tal, deverá revestir um dos tipos de sociedade empresária.[13]

A sociedade simples constitui-se mediante contrato escrito, particular ou público, que deve, obrigatoriamente, conter as cláusulas previstas no art. 997 do CC: "I – o nome, nacionalidade, estado civil, profissão e residência dos sócios, se pessoas naturais, e a firma ou a denominação, nacionalidade e sede dos sócios, se jurídicas; II – denominação, objeto, sede e prazo da sociedade; III – capital da sociedade, expresso em moeda corrente, podendo compreender qualquer espécie de bens, suscetíveis de avaliação pecuniária; IV – a quota de cada sócio no capital social, e o modo de realizá-la; V – as prestações a que se obriga o sócio, cuja contribuição consista em serviços; VI – as pessoas naturais incumbidas da administração da sociedade, e seus poderes e atribuições; VII – a participação de cada sócio nos lucros e nas perdas; VIII – se os sócios respondem, ou não, subsidiariamente, pelas obrigações sociais".

12. Rubens T. Velosa, "Sociedade simples", artigo inédito, p. 1.
13. Idem, p. 2.

O art. 983 do CC permite, no entanto, que a sociedade simples se constitua em conformidade com um dos tipos regulados nos arts. 1.039 a 1.092, menos as sociedades por ações, posto que elas são sempre consideradas sociedades empresárias, qualquer que seja seu objeto. Neste sentido a lição de Rubens T. Velosa: "Ressalte-se que, diante do enunciado no art. 983, a sociedade simples pode, também, constituir-se de conformidade com um dos tipos regulados nos arts. 1.039 a 1.092, ressalvada, a nosso ver, o de sociedades por ações, na forma prevista nos arts. 982, parágrafo único, do CC e 2º, § 1º, da Lei 6.404/1976, posto que são consideradas empresárias, *[mercantis]* qualquer que seja o seu objeto, as que se revestirem desse tipo de sociedade. O preceito em tela não introduz maior novidade, se considerarmos que o art. 1.364 do CC de 1916 permitia que as sociedades civis adotassem qualquer das formas de sociedades comerciais, salvo a de sociedade por ações"[14] *[embora a referida disposição legal também as incluísse como viável]*.

Há discussão, no entanto, sobre onde deve a sociedade simples que observar as formas da sociedade empresária inscrever seu contrato – se no Cartório de Registro de Pessoas Jurídicas ou se no Registro Público de Empresas Mercantis –, entendendo alguns autores que, se a sociedade simples adotar qualquer tipo de sociedade empresária, deverá requerer sua inscrição no Registro Público de Empresas. Interpretação da qual, com amparo nas lições de Rubens T. Velosa, dissentimos. Com efeito, o ilustre jurista discorda do entendimento acima com base na "leitura do art. 1.150, *in fine*, do CC vigente, que, ao tratar do vínculo das sociedades em relação aos respectivos registros, assinala: 'e a sociedade simples ao Registro Civil das Pessoas Jurídicas, o qual deverá obedecer às normas fixadas para aquele Registro, se a sociedade simples adotar um dos tipos de sociedade empresária'. Assoma inequívoco que a norma nada mais faz que determinar ao Registro Civil das Pessoas Jurídicas, em relação à sociedade simples, que, se esta vier a adotar um dos tipos de sociedade empresária, o mesmo deverá obedecer às normas fixadas para aquele Registro. De modo que, na hipótese de sua ocorrência, deverá o Registro Civil da Pessoa Jurídica, para promover o registro da sociedade simples, obedecer às normas fixadas para o registro da sociedade do tipo adotado. Por isso, somos direcionados à ilação

14. Idem, p. 3.

de que a sociedade simples, independentemente do tipo de sociedade adotado, *[ressalvado o tipo de sociedade por ações]* permanece vinculada ao Registro Civil de Pessoas Jurídicas. Assoma inadmissível que o legislador viesse a permitir à sociedade simples adotar qualquer dos tipos de sociedades destinadas às sociedades empresárias, *[art. 983]* acarretando, por via de conseqüência, a perda da condição de sociedade não-empresária. É indubitável que, no concernente à vinculação ao registro das sociedades, o art. 1.150 veio estipular nítida distinção entre as sociedades empresárias e as sociedades simples".[15]

3.2.2 Fundações

A fundação é uma universalidade de bens, personalizada em atenção aos fins que lhe dão unidade.

O primeiro esboço de uma fundação no Brasil ocorreu em 1738, quando Romão de Matos Duarte, milionário solteiro, reservou parte de seu patrimônio para formar um fundo para auxiliar exclusivamente os expostos "na roda", isto é, recém-nascidos abandonados por suas mães e deixados na roda instalada no muro da Santa Casa de Misericórdia, que a partir de seu gesto passariam a ter tratamento digno, ao serem atendidos na Santa Casa de Misericórdia do Rio de Janeiro. Nascia a "Fundação Romão de Matos Duarte", que funcionava paralelamente à Santa Casa do Rio, com patrimônio próprio afeto à finalidade exclusiva de dar proteção e apoio aos órfãos desvalidos cariocas.[16]

3.2.2.1 Espécies de fundações – As fundações podem ser temporárias ou permanentes. As temporárias são fundações instituídas para fins temporários, como uma fundação criada para auxiliar os combatentes da II Guerra Mundial ou com prazo certo de duração. As fundações permanentes são aquelas instituídas sem prazo de duração e para cumprir finalidades duradouras no tempo.

As fundações podem ser abertas ou fechadas. Fundações abertas são aquelas cujas atividades desenvolvidas podem beneficiar um universo amplo de pessoas que não precisam ter necessariamente vínculo

---

15. Idem, pp. 3-4.
16. Edson José Rafael, *Fundações e Direito*, p. 68.

com a fundação ou com o instituidor. As fundações fechadas, por sua vez, são aquelas cujas atividades desenvolvidas privilegiam exclusivamente um grupo específico de pessoas, como os funcionários de determinada empresa.

As fundações podem ser do tipo familiar ou empresarial. Fundação familiar é aquela cujo instituidor é o patriarca ou matriarca da família, e que será dirigida habitualmente por seus descendentes. É uma forma de perpetuar o nome do fundador na sociedade. Fundação empresarial é aquela fundada por uma empresa e que será dirigida, normalmente, por diretores da empresa fundadora.

3.2.2.2 Fins da fundação – A fundação deve buscar fins religiosos, morais, culturais ou de assistência (art. 62, parágrafo único, do CC). O legislador optou por ser explícito quanto aos fins da fundação com o propósito de evitar a constituição de fundações com finalidades fúteis ou caprichosas.[17]

3.2.2.3 Modo de constituição – As fundações podem ser constituídas de dois modos: ou por escritura pública ou por testamento. A fundação instituída por escritura pública nasce e terá existência durante a vida do fundador. A fundação instituída por testamento só nascerá e terá existência após a morte do fundador. Para constituir uma fundação não basta o ato que a institui (escritura pública ou testamento). Há necessidade de se elaborar o estatuto da fundação, isto é, o ato normativo que fixa os princípios que irão disciplinar a existência da fundação em todos os seus aspectos significativos.

O estatuto deve conter alguns capítulos, entre eles os que tratam:

I – da denominação, sede, fins e duração;

II – do patrimônio e rendimentos;

III – dos órgãos de administração e da competência;

IV – dos conselhos curador e fiscal;

V – da diretoria executiva e da superintendência;

VI – do exercício financeiro;

---

17. Renan Lotufo, *Código Civil Comentado – Parte Geral*, vol. 1, p. 170.

VII – das disposições gerais;
VIII – das disposições transitórias.

O estatuto deve ser previamente aprovado pelo Ministério Público no prazo de 15 dias da autuação do pedido, conforme determina o art. 1.201 do CPC. A recusa do Ministério Público em aprová-lo pode ser suprida por ordem judicial proferida no procedimento denominado "suprimento judicial de aprovação estatuária" (art. 1.201, § 1º, do CPC).

3.2.2.4 O patrimônio das fundações – A fundação pressupõe a afetação de bens a uma finalidade.

Prescreve o art. 62 do CC que, "para criar uma fundação, o seu instituidor fará, por escritura pública ou testamento, dotação especial de bens livres, especificando o fim a que se destina, (...)". "Dotação", no caso, não se confunde com "doação". A doação resulta na transferência de bens de uma pessoa a outra, sem criar nova pessoa; enquanto a dotação na fundação integra o processo de criação de uma pessoa jurídica. O patrimônio afetado deve ser livre, isento de quaisquer ônus, de modo que não prejudique nem a fundação, nem os credores do instituidor.

O patrimônio deve ser suficiente. A verificação da suficiência do patrimônio é realizada pelo Ministério Público. A insuficiência do patrimônio no caso de instituição de *fundação por ato entre vivos* (escritura pública) leva ao indeferimento da sua constituição, enquanto a mesma insuficiência no caso de instituição de fundação *por testamento* leva à incorporação do patrimônio em outra fundação que tenha fim igual ou semelhante (art. 63 do CC). O patrimônio da fundação, como regra, é inalienável, especialmente se o bem estiver diretamente vinculado ao cumprimento da finalidade para a qual a fundação foi instituída. De qualquer modo, havendo necessidade, a alienação de patrimônio da fundação deve ser precedida de autorização judicial.

3.2.2.5 Alteração dos estatutos – A alteração dos estatutos das fundações está disciplinada no art. 67 do CC. A alteração dos estatutos sofre limites materiais e limites formais, pois ela não pode contrariar ou desvirtuar o fim da fundação. Este é um limite material que não pode ser ultrapassado, sob pena de desrespeitar a vontade do instituidor. De acordo com os ensinamentos de Renan Lotufo, "a finalidade da fundação é o que se pode denominar 'cláusula pétrea", ou seja, imodificável, de nada adiantando a vontade dos administradores ou representantes pós-instituição", o que representa "significativo prestígio da vontade individual do instituidor, quer pelo fim altruístico, quer pela dotação do patrimônio para alcançá-lo".[18]

A alteração deve ser aprovada por maioria qualificada, isto é, "dois terços dos competentes para gerir e representar a fundação" (CC, art. 67, I). A par disso, a alteração deve ser aprovada pelo órgão do Ministério Público (CC, art. 67, III). Se a decisão de alteração não tiver sido unânime, os administradores da fundação, ao apresentarem a alteração para aprovação pelo Ministério Público, deverão requerer que se dê ciência à minoria vencida, para que esta, em 10 dias, impugne a alteração.

3.2.2.6 Extinção das fundações – As fundações podem ser extintas quando chegue ao fim o prazo de existência delas, se porventura elas foram constituídas por tempo determinado, ou quando se esgote a finalidade pela qual elas foram criadas, ou quando essa finalidade se torne inútil com o passar dos anos ou impossível de ser atingida. Além dessas hipóteses, as fundações podem ser extintas se passarem a desenvolver atividades ilícitas (CC, art. 69).

A extinção deve ser decretada por sentença.

O patrimônio da fundação deverá ser incorporado ao patrimônio de outra fundação que tenha fim igual ou semelhante (art. 69 do CC). Inexistindo fundação que tenha fim semelhante ou idêntico, os bens serão considerados vagos e incorporados ao patrimônio do Estado. Não se admite a partilha do patrimônio em proveito alheio ao fim pelo qual a fundação foi criada, e nem que o conselho diretor da fundação delibere a respeito do destino do patrimônio.[19] A incorporação é do patrimônio obtido com a quitação das dívidas. Incorpora-se patrimônio, e não dívidas fiscais, privadas ou trabalhistas.

3.2.3 *Organizações religiosas*

Organizações religiosas são espécies de associações, isto é, pessoas jurídicas que resultam da união de indivíduos com fins ideais, não-

---

18. Idem, ibidem, p. 176.
19. Caio Mário da Silva Pereira, *Instituições de Direito Civil*, 19ª ed., vol. I, p. 228.

econômicos, com a peculiaridade que podem, com maior ou menor intensidade, sofrer, segundo regras do Direito canônico, intervenção de autoridades eclesiásticas na sua administração. Maria Helena Diniz cita como exemplos de organizações religiosas, as confrarias ou irmandades, as fábricas paroquiais, as ordens monásticas e os cabidos.[20]

3.2.4 Partidos políticos

A Constituição reconhece a liberdade de formação dos partidos políticos como um direito fundamental (art. 17) e lhes concede um estatuto privilegiado em relação ao direito geral de associação (art. 17, § 1º). Não estabelece um controle ideológico-programático, mas, apenas, um controle externo de liberdade constitucional (art. 17, última parte, "(...) resguardados a soberania nacional, o regime democrático, o pluripartidarismo, os direitos fundamentais da pessoa humana").

Os partidos políticos não são corporações de direito público, mas associações de direito privado, cuja função de mediação política – organização e expressão da vontade popular – indica o reconhecimento de uma qualidade jurídico-constitucional que os diferencia das demais associações privadas, pois os situam "no ponto nevrálgico de imbricação do poder do Estado juridicamente sancionado com o poder da sociedade politicamente legitimado".[21]

Após a inscrição no Registro Civil de Pessoas Jurídicas, o estatuto partidário será registrado no Tribunal Superior Eleitoral.

20. Maria Helena Diniz, *Curso de Direito Civil Brasileiro, Teoria Geral do Direito Civil*, p. 257. Segundo a ilustre jurista, "as confrarias ou irmandades são associações de leigos que prestam obediência às leis civis, embora estejam, quanto à sua organização interna e administrativa, sob a autoridade e inspeção do bispo, destinadas à manutenção do culto, ao auxílio espiritual de seus membros, ao exercício de obras de piedade. Embora tenham seus deveres consignados em seus regulamentos, sofrem intervenção de atos episcopais na sua administração no sentido de conduzi-la à fiel efetivação de suas finalidades. As fábricas paroquiais são conselhos constituídos por pessoas que administram, sob a fiscalização da autoridade eclesiástica, bens ou rendas paroquiais destinadas à conservação ou reparação da igreja e às despesas do culto. As ordens monásticas são compostas por pessoas que fizeram votos de pobreza, obediência e castidade e os cabidos são associações de cônegos, conselheiros do bispo, com direitos e deveres, bens patrimoniais, representação judicial ativa e passiva e selo para expedir os atos capitulares".
21. José Joaquim Gomes Canotilho, *Direito Constitucional e Teoria da Constituição*, p. 308.

4. Desconsideração da personalidade jurídica[22]

A constituição de uma pessoa jurídica, observados os requisitos previstos em lei, atribui-lhe personalidade, isto é, subjetivamente, aquele agrupamento de bens e pessoas em torno de um interesse comum passa a ser centro de imputação de direitos e deveres.

A personalização do ente acarreta três conseqüências: titularidade negocial; titularidade processual e responsabilidade patrimonial. O ente passa a ser titular, sujeito autônomo, dos negócios jurídicos que realiza com outras pessoas. Os negócios e respectivos efeitos são imputados não às pessoas dos sócios ou associados, mas à pessoa jurídica. O ente passa a ter capacidade para estar em juízo; ele pode demandar e ser demandada em juízo. O ente passa a ter, também, patrimônio próprio, distinto, incomunicável e inconfundível com o patrimônio dos sócios ou dos associados. O patrimônio do ente personalizado é que responde pelo cumprimento das obrigações contraídas.

Não há, contudo, exata correspondência entre personificação (atribuição de personalidade) e responsabilidade patrimonial distinta, pois existem determinadas espécies de sociedades, dotadas de personalidade jurídica, nas quais os sócios respondem pessoalmente com os respectivos patrimônios, embora subsidiariamente – isto é, apenas quando comprometido e esgotado o patrimônio social. É o caso da sociedade em nome coletivo, da sociedade em comandita simples, com relação ao sócio comanditado, a sociedade de capital e indústria com relação ao sócio capitalista e a sociedade em comandita por ações, com relação aos sócios diretores ou gerentes. Em contrapartida, existem outros tipos de sociedades nas quais o sócio não responde, como regra, subsidiariamente com o seu patrimônio pelas obrigações da sociedade, desde que o capital social esteja integralizado. É o caso da sociedade por cotas de responsabilidade limitada e da sociedade anônima. Esta duas espécies de sociedade – por cotas e anônima –, em virtude da responsabilidade limitada dos sócios pelas obrigações contraídas pela Sociedade, tive-

---

22. Bibliografia: José Lamartine Corrêa de Oliveira, *A Dupla Crise da Pessoa Jurídica*, São Paulo, Saraiva, 1979; Fábio Ulhoa Coelho, *Desconsideração da Personalidade Jurídica*, São Paulo, Ed. RT, 1989; Marçal Justen Filho, *Desconsideração da Personalidade Societária no Direito Brasileiro*, São Paulo, Ed. RT; Juan M. Dobson, *El Abuso de la Personalidad Jurídica*, Buenos Aires, Ed. De Palma, 1985; Rolf Serick, *Apariencia y Realidad en las Sociedades Mercantiles*, Barcelona, Ariel, 1958.

ram, e têm, grande aceitação, por limitar, de certa forma, os riscos da atividade empreendedora ao capital empregado.

A regra da limitação da responsabilidade dos sócios sofre, no entanto, algumas exceções. A Lei elegeu algumas situações que uma vez presentes geram a responsabilidade subsidiária, mas ilimitada dos sócios pelas obrigações sociais. São elas:

a) deliberação do sócio contrária à lei ou ao contrato social;

b) ato ilícito do administrador de Sociedade Anônima que viole a lei ou o estatuto (art. 158 da Lei das S.A.).

4.1 Aplicação da Teoria da Desconsideração

A Teoria da Desconsideração tem relevo no âmbito das sociedades de responsabilidade limitada e nas hipóteses em que não é possível responsabilizar o sócio ou acionista por atos da sociedade, pois o principal mérito dessa teoria é desconsiderar a separação entre patrimônios (da sociedade e dos sócios) e alcançar o patrimônio dos sócios por obrigações realizadas pela sociedade. Isso será possível, no entanto, presentes alguns pressupostos – entre eles, o uso abusivo da sociedade com o intuito claro e evidente de fraudar à lei ou a obrigações regularmente assumidas.

A teoria da despersonalização da pessoa jurídica é vista como um remédio jurídico mediante o qual é possível prescindir da forma de sociedade ou associação com que se revestiu um grupo de pessoas ou bens, negando sua existência autônoma como sujeito de direito frente a uma situação particular. A finalidade dessa despersonalização é, em última análise, responsabilizar os sócios que a compõe e atingir seu patrimônio particular e pessoal por obrigações contraídas pela sociedade ou em nome da sociedade.

Dos doutrinadores brasileiros que trataram do tema da desconsideração da personalidade da pessoa jurídica, realçamos as opiniões de Rubens Requião, Fabio Konder Comparato e Marçal Justen Filho.

Rubens Requião, diz-nos que a doutrina da desconsideração da personalidade da pessoa jurídica objetiva penetrar no âmago da sociedade e superar a personalidade jurídica dela, para atingir a pessoa do sócio. Não se trata de considerar nula a personificação, mas de tomá-la ineficaz para determinados atos. Para ele, os pressupostos de aplicação desta teoria são: o cometimento de fraude ou abuso de direito pela personalidade jurídica.[23]

Fábio Konder Comparato sustenta que a separação de patrimônios, efeito jurídico fundamental da personalização, deve ser afastada quando falte um dos pressupostos formais, estabelecidos em lei; e, também, quando desapareça a especificidade do objeto social de exploração de uma empresa determinada, ou do objetivo social de produção e distribuição de lucro, ou, ainda, quando ambos se confundem com a atividade ou os interesses individuais de determinado sócio.[24]

Marçal Justen Filho propõe, também, que a desconsideração da personalidade seja aplicada como remédio, a fim de evitar um resultado incompatível com a função da pessoa jurídica. O critério proposto pelo citado autor é objetivo, visto que o descompasso entre a função vislumbrada pelo ordenamento jurídico para a pessoa jurídica e a atuação concreta desta é que ensejaria a aplicação da teoria da desconsideração, independentemente da intenção com que o ato foi praticado.[25]

No direito brasileiro podemos citar como casos reais de desconsideração da personalidade jurídica o art. 18 da Lei 8.884/1994 e o art. 28 da Lei 8.078/1990. Mais recentemente, o art. 50 do Código Civil estabelece que, em caso de abuso da personalidade jurídica, caracterizado pelo desvio de finalidade, ou pela confusão patrimonial, pode o juiz determinar que os efeitos de certas e determinadas relações de obrigações sejam estendidos aos bens particulares dos administradores ou sócios da pessoa jurídica.

Os pressupostos de aplicação da teoria da desconsideração da personalidade jurídica no Código Civil seriam o abuso de direito, aqui incluída a fraude, caracterizada pelo desvio de finalidade da pessoa jurídica e a confusão patrimonial. De acordo com Carlyle Popp, "por desvio de finalidade deve ser entendido que a pessoa jurídica, no caso concreto, ou usualmente, mas com efeitos para o caso em foco, afastou-se do seu objeto social" e "confusão patrimonial significa que os sócios ou administradores da sociedade, em conjunto ou separadamente, utili-

---

23. *Curso de Direito Comercial*, 1º vol., p. 271.
24. *Poder de Controle na Sociedade Anônima*, pp. 268-272, passim.
25. *Desconsideração da Personalidade Societária no Direito Brasileiro*, p. 98.

zaram o patrimônio da pessoa jurídica para suas necessidades pessoais".[26] Rejeita-se, com isso, a idéia de que a má administração do negócio ou o insucesso das atividades desenvolvidas pela pessoa jurídica sirva de pretexto para a aplicação do instituto.[27]

A decisão judicial que aplica a teoria da desconsideração da personalidade jurídica produz efeitos específicos e não genéricos, porque incide no campo da eficácia negocial. A decisão judicial não invalida, como um todo, a personalização do ente. Apenas torna ineficaz a separação patrimonial instituída com a atribuição da personalidade.

---

26. Renan Lotufo e Giovanni Ettore Nanni (coords.), *Teoria Geral do Direito Civil*, São Paulo, Atlas, 2008, p. 327.
27. Ibidem, p. 327.

Capítulo 3
DOMICÍLIO

1. Conceito. 2. Utilidade do instituto. 3. Elementos. 4. Características. 5. Espécies de domicílio. 6. Domicílio da pessoa jurídica. 7. Disciplina legal.

1. Conceito

De acordo com Renan Lotufo, "a noção de domicílio surge com os romanos, etimologicamente, de *domicilium* (morada) e *domus*, lugar em que a pessoa estabelece seu lar e concentra seus interesses. Tal entendimento está relacionado à preocupação dos romanos com a vida prática, sendo que o lar era o local onde habitualmente o *pater famílias* concentrava seus interesses".[1]

O Código Civil define o domicílio da pessoa natural como o "lugar onde ela estabelece a sua residência com ânimo definitivo" (art. 70). Este conceito de domicílio não reflete o conceito estudado pela doutrina, que diferencia a "residência" do "domicílio".

A *residência* pode ser definida como o local escolhido pela pessoa para morar, com a intenção de nele permanecer. Para configurar a per-

---

1. Renan Lotufo, *Código Civil Comentado – Parte Geral*, vol. 1, p. 180. Caio Mário da Silva Pereira, *Instituições de Direito Civil*, vol. I, 20ª ed., p. 369, ensina: " O direito romano legou-nos uma noção bastante clara do domicílio, se bem que através de uma referência incompleta. Na verdade, a teoria romana partia da idéia de casa – *domus* – e fixava o conteúdo jurídico em razão do estabelecimento ou permanência do indivíduo naquele lugar *ubi quis larem rerumque ac fortunarum suarum summan constituit*. A simplicidade do conceito é absoluta. Não imagina nenhuma relação ou vinculação entre o local e o indivíduo. Formula, tão somente, uma noção elementar, aliando a idéia de lar ou residência à de interesse ou fortuna".

manência não há prazo mínimo estipulado. Basta a intenção, ainda que esta não ocorra de fato. A permanência não significa a obrigação de nunca sair ou nunca mudar de casa. Alguns autores diferenciam "residência" de "morada". A morada é o local destinado a abrigo, habitação, mas sem a intenção de permanecer definitivamente. O *domicílio*, por sua vez, seria o lugar onde a pessoa estabelece a sede principal de seus negócios, o ponto central das ocupações habituais; o centro das relações de uma pessoa.[2]

2. Utilidade do instituto

A importância do domicílio para o Direito decorre do fato de ele ser um instituto com repercussão nos diversos ramos, em decorrência da função que assume em cada um desses ramos.

No direito civil o domicílio serve como critério indicativo do local onde deve haver o cumprimento da obrigação. A obrigação deve ser cumprida no domicílio do devedor ou no domicílio do credor. Ainda no direito civil o domicílio serve como critério para fixar o local onde tramitará o inventário dos bens de pessoa morta e como critério para determinar a ausência. No direito processual civil o domicílio é critério geral de fixação de competência. As ações pessoais devem ser propostas no domicílio do réu (art. 95 do CPC). No direito internacional o domicílio é critério para fixação da lei aplicável ao caso.

3. Elementos

Na atual sistemática, para que se configure o domicílio há necessidade da presença de alguns elementos. O primeiro deles é o elemento objetivo, o fato de uma pessoa permanecer em certo lugar, em virtude do exercício de uma atividade. O segundo é o elemento subjetivo, a

---

2. Diogo Leonardo Machado de Melo (in *Teoria Geral do Direito Civil*, coordenada por Renan Lotufo e Giovanni Ettore Nanni, Atlas, p. 337), relata que alguns doutrinadores fazem a tríplice distinção entre estada, residência e domicílio. Estada é a presença ou permanência de uma pessoa em determinado lugar. É a mais tênue e efêmera relação de fato entre uma pessoa e um lugar. Residência representa o local onde o sujeito estabelece uma habitação. Exprime a idéia do lugar onde a pessoa habitualmente viva, aí organizando a sua vida. O domicílio é a residência com o ânimo de ali permanecer de modo definitivo.

intenção definitiva de se estabelecer nesse determinado lugar como o centro ou sede de ocupações e interesses. O elemento subjetivo é o ânimo definitivo, a intenção de permanecer em determinado local, com caráter habitual e definitivo.

4. Características

Esses elementos fazem que o domicílio apresente algumas características. A primeira delas é a *fixidez*. O domicílio representa certa estabilidade no residir, que, no entanto, não representa perpetuidade ou imutabilidade. O domicílio é obrigatório. Daí a característica da *obrigatoriedade*. Como regra, todas as pessoas devem ter um domicílio. O domicílio pode ser alterado. Daí a característica da *alterabilidade*. Permite a lei a livre mudança do domicílio, que deve ser comunicada às Municipalidades.

5. Espécies de domicílio

Não há uma única espécie de domicílio. Há o chamado *domicílio voluntário ordinário ou normal*, o domicílio que depende, para ser estabelecido, unicamente da vontade da pessoa. A pessoa adquire o domicílio por vontade exclusiva sua. É o centro de interesses da pessoa, a residência com ânimo de nela permanecer, para a pessoa natural; ou a sede administrativa designada no estatuto, para a pessoa jurídica. Trata-se de ato jurídico não-negocial, mas que exige que a pessoa tenha capacidade para agir. Só pode estabelecer voluntariamente seu domicílio quem tenha plena capacidade de exercício ou de fato. A voluntariedade é afirmada nesse caso pelo art. 74 do CC, que prevê: "Art. 74. Muda-se o domicílio, transferindo a resistência, com a intenção manifesta de o mudar".

Ao lado do domicílio voluntário existe o chamado *domicílio eletivo*, domicílio especial ao lado do domicílio geral, porque corresponde a um domicílio particular estipulado por ato das partes – e, assim, um válido para determinados negócios. O domicílio eletivo só é admitido nos contratos escritos. É o domicílio fixado para uma determinada relação jurídica. É uma forma de modificar o domicílio comum. Há, ainda, o *domicílio profissional*, espécie de domicílio voluntário, só que especial, aplicável a fins específicos, às relações profissionais: o lugar onde a pessoa exerce sua profissão.

Em contraposição ao chamado domicílio voluntário há o denominado *domicílio necessário ou legal fixado pela lei*. O domicílio necessário é inalterável e obrigatório. Ele resulta da própria lei e independe da vontade das partes. É, no entanto, temporário, pois, uma vez cessada a causa que levou a lei a estabelecer o domicílio necessário, cessa, por conseguinte, o domicílio necessário. Daí, serem características desse domicílio: a inalterabilidade, a obrigatoriedade e a temporariedade. Têm domicílio necessário os filhos menores, os tutelados, os funcionários públicos civis e militares e os presos.

6. Domicílio da pessoa jurídica

A pessoa jurídica tem um domicílio voluntário. Ela o fixa no seu estatuto. Esse domicílio não pode prejudicar terceiros que têm relações jurídicas com ela. Por esse motivo, a lei prevê como domicílio legal o lugar do estabelecimento no Brasil das agências da empresa que tiver a sede no Estrangeiro (art. 75, § 2º, do CC).

7. Disciplina legal

O Código Civil trabalha com diversas espécies de domicílio.

Existe um *conceito geral de "domicílio voluntário"* aplicável à pessoa natural, que é o da residência com ânimo definitivo (CC, art. 70: "O domicílio da pessoa natural é o lugar onde ela estabelece a sua residência com ânimo definitivo"). É possível a *pessoa natural ter diversas residências*; e, nesse caso, qualquer delas será considerada domicílio da pessoa (CC, art. 71: "Se, porém, a pessoa natural tiver diversas residências, onde, alternadamente, viva, considerar-se-á domicílio seu qualquer delas"). Nossos legisladores adotaram a multiplicidade de domicílios ao invés da unicidade, acolhida pelo Código Civil francês. Aceitaram a crítica de Clóvis Beviláqua: "Se, realmente, a pessoa tem mais de uma residência onde alternadamente viva, se, em vários centros, tem ocupações constantes, habituais, seria contrariar a realidade das coisas, por amor de uma abstração infundada, persistir em considerar que somente uma dessas residências ou centros de atividade é seu domicílio e, arbitrariamente, escolher um deles para esse fim". Ao lado dele há um *conceito especial de domicílio voluntário*, também aplicável à pessoa natural, que é o domicílio profissional, de utilização restrita aos casos que envolvam relações profissionais.

Considera-se domicílio o lugar onde a pessoa exerce a sua profissão (CC, art. 72: "É também domicílio da pessoa natural, quanto às relações concernentes à profissão, o lugar onde esta é exercida"). Renan Lotufo ensina-nos que "este dispositivo é uma inovação e busca realçar a idéia de que domicílio é o lugar onde a pessoa responde por suas obrigações perante terceiros".³ Em função desse dispositivo, o Código Civil considerou como domicílio não apenas o local onde a pessoa estabelece sua residência, mas também aquele em que exerce seu ofício, relações de negócio. O art. 78 do CC previu a possibilidade de as partes contratantes estabelecerem domicílio "onde se exercitem e cumpram os direitos e obrigações deles *[contratos escritos]* resultantes". De acordo com Renan Lotufo, "o dispositivo em análise possibilita às partes contratantes a especificação de domicílio para o exercício de direitos e cumprimento de determinadas obrigações concernentes ao contrato celebrado. Tal domicílio é chamado *de eleição*, pois eleito pelos contratantes. Se não houver cláusula especificadora do domicílio eleito no contrato original, não significa que não possa vir a existir mediante escrito posterior".⁴

O *domicílio legal ou necessário* está previsto no art. 76 do CC: "Têm domicílio necessário o incapaz, o servidor público, o militar, o marítimo e o preso". O domicílio do incapaz é o do seu representante ou do seu assistente. O domicílio do servidor público é o lugar onde exerce permanentemente suas funções. O domicílio do militar é aquele onde serve. O domicílio do marítimo ou do aeronauta é a sede do comando a que estiverem subordinados. O domicílio marítimo é, inclusive, aquele onde o navio estiver matriculado. O domicílio do preso é aquele onde cumpre a sentença. O domicílio do nômade é aquele onde for encontrado, que corresponde ao paradeiro ("Art. 73. Ter-se-á por domicílio da pessoa natural, que não tenha residência habitual, o lugar onde for encontrada"). A pessoa que não tem domicílio e contrai uma obrigação não ficará exonerada de cumpri-la por não ter domicílio, já que será considerado seu domicílio o lugar onde for encontrada.

3. Idem, p. 185.
4. Idem, p. 194.

O *domicílio da pessoa jurídica privada* é o local de funcionamento das diretorias e administrações ou o local eleito pelo estatuto (art. 75, IV: "das demais pessoas jurídicas, o lugar onde funcionarem as respectivas diretorias e administrações, ou onde elegerem domicílio especial no seu estatuto ou atos constitutivos"). Se houver pluralidade de estabelecimentos, cada um deles será considerado domicílio da pessoa jurídica (art. 75, § 1º: "Tendo a pessoa jurídica diversos estabelecimentos em lugares diferentes, cada um deles será considerado domicílio para os atos nele praticados"). Se a pessoa jurídica tiver a administração ou a diretoria sediada no Estrangeiro, o lugar do estabelecimento de cada uma das suas agências será considerado domicílio no tocante às obrigações nelas contraídas (art. 75, § 2º: "Se a administração, ou diretoria, tiver a sede no Estrangeiro, haver-se-á por domicílio da pessoa jurídica, no tocante às obrigações contraídas por cada uma das suas agências, o lugar do estabelecimento, sito no Brasil, a que ela corresponder"). Trata-se de modalidade de domicílio obrigatório.

O *domicílio da pessoa jurídica de direito público de capacidade política* é o Distrito Federal, no caso da União; as respectivas Capitais no caso dos Estados e Territórios; e o local onde funcione a administração municipal para os Municípios.

Capítulo 4
BENS

1. Generalidades. 2. Conceito de "patrimônio". 3. Diferentes classes de bens: 3.1 Bens considerados em si mesmos: 3.1.1 Bens imóveis – 3.1.2 Bens móveis – 3.1.3 Bens fungíveis e infungíveis – 3.1.4 Bens consumíveis – 3.1.5 Bens divisíveis e bens indivisíveis – 3.1.6 Bens singulares e coletivos – 3.2 Bens reciprocamente considerados: 3.2.1 Bem principal – 3.2.2 Bem acessório. 4. Bens públicos. 5. Bem de família.

1. Generalidades

O Código Civil, no Livro II da Parte Geral, trata dos "Bens", mais precisamente das diferentes classes de bens. "Bem" é tudo aquilo capaz de satisfazer uma legítima necessidade humana.[1] Esse conceito engloba os bens materiais, como as coisas, os bens imateriais, como os direitos, a atividade humana. Enquanto algo capaz de satisfazer de forma lícita uma necessidade humana, os bens são objeto de desejo do ser humano, isto é, podem ser desejados, queridos, pretendidos pelo homem, e ser o objeto da chamada *relação jurídica*.

No âmbito jurídico a palavra "bem" tem significado menos extenso, por indicar coisas materiais e imateriais e atos humanos que podem ser objeto de uma relação de direito. Os bens ocupam o lugar de objeto da relação jurídica. Duas pessoas podem estabelecer um vínculo jurídico tendo por objeto determinado bem.

---

1. Washington de Barros Monteiro, *Curso de Direito Civil – Parte Geral*, vol. 1, p. 135.

É possível distinguir "bem" de "coisa". Enquanto "bem" serviria para definir entes imateriais, a palavra "coisa" serviria para definir todo objeto material suscetível de valor. A coisa teria como elementos a matéria, a possibilidade de ser apropriada e o valor econômico, enquanto o bem teria como elementos a possibilidade de ser apropriado (ao menos juridicamente) e o valor econômico. Os autores discutem sobre a necessidade de o bem ter, ou não, valor econômico. Manifestaram-se favoravelmente pelo valor econômico Agostinho Alvim, citado por Maria Helena Diniz, e Sílvio Rodrigues, para quem "bens são coisas que, por serem úteis e raras, são suscetíveis de apropriação e contêm valor econômico".[2] E manifestaram-se contrariamente – isto é, pela dispensa do valor econômico – Sílvio de Salvo Venosa, para quem, "no campo jurídico, *bem* deve ser considerado aquilo que tem valor, abstraindo-se daí a noção pecuniária do termo",[3] e Orlando Gomes, para quem "a noção jurídica de bem é mais ampla que a econômica. Compreende toda utilidade física ou ideal que possa incidir na faculdade de agir do sujeito. Abrange as coisas propriamente ditas, suscetíveis de apreciação pecuniária, e as que não comportam essa avaliação, as que são materiais ou não".[4] A distinção entre "bem" e "coisa" é freqüentemente desrespeitada quando utilizamos a expressão "coisas imateriais" – o que elimina qualquer distinção entre "coisas" e "bens".

2. Conceito de *"patrimônio"*

O patrimônio é o conjunto de relações jurídicas de uma pessoa com valor econômico. Integram sua definição a noção de relação jurídica, a noção de universalidade, isto é, a totalidade das relações jurídicas, e o valor econômico; por isso, são excluídos do conceito de patrimônio direitos personalíssimos. Clóvis Beviláqua define-o como "o complexo das relações jurídicas de uma pessoa, que tiverem valor econômico. Nele se compreendem os direitos privados economicamente apreciáveis (elementos ativos) e as dívidas (elementos passivos)". Para o citado autor, incluem-se no patrimônio: "(1º) a posse; (2º) os direitos reais;

---

2. Maria Helena Diniz, *Código Civil Anotado*, p. 58; e Sílvio Rodrigues, *Direito Civil – Parte Geral*, vol. I, p. 116.
3. Sílvio de Salvo Venosa, *Direito Civil – Teoria Geral*, 2ª ed., vol. 1, p. 227.
4. Orlando Gomes, *Introdução ao Direito Civil*, p. 204.

(3º) os direitos obrigacionais; (4º) as relações econômicas do direito da família; (5º) as ações correspondentes a esses direitos. Estão excluídos do conceito de patrimônio (1º) os direitos individuais à existência, honra e liberdade; (2º) os direitos pessoais entre os cônjuges; (3º) os direitos de autoridade entre pai e filho; (4º) os direitos políticos".[5]

O patrimônio tem por característica o fato de ser indivisível, o que indica que devem ser concebidas como um todo as múltiplas relações jurídicas que o compõem. Como regra, cada pessoa tem um único patrimônio; mas em certos casos o Direito permite uma diversidade de patrimônios para satisfazer necessidades de ordem prática, como no caso de sucessão de ausente. No patrimônio geral – esclarece Orlando Gomes – os elementos unem-se pela relação subjetiva comum com a pessoa, enquanto no patrimônio especial a unidade resulta objetivamente do fim para o qual a pessoa destacou do seu patrimônio geral uma parte dos bens que o compõem. Para ele, "a idéia de afetação explica a possibilidade de existência de patrimônios especiais. Consiste numa restrição pela qual determinados bens se dispõem para servir a fim desejado, limitando-se, por este modo, a ação dos credores".[6]

O Livro II da Parte Geral, ao tratar dos "Bens", não pretendeu disciplinar todos os bens que podem ser objeto de dada relação jurídica, porque isto implicaria disciplinar na Parte Geral matérias que serão objeto de livros específicos, como o livro do "Direito das Obrigações" e o livro do "Direito dos Contratos". O Código Civil na Parte Geral limitou-se a disciplinar os bens como objeto das relações jurídicas reais, dos chamados direitos reais.[7]

---

5. Clóvis Beviláqua, *Código Civil dos Estados Unidos do Brasil Comentado*, vol. I, p. 291.
6. Orlando Gomes, *Introdução ao Direito Civil*, cit., p. 210.
7. Nesse sentido a lição de Luís Cabral de Moncada (*Lições de Direito Civil*, p. 393): "Tirando as prestações, os factos positivos ou negativos, as actividades e as pessoas, como objecto tão heterogéneo e múltiplo dos direitos, só acerca das coisas é que poderá enfim edificar-se uma teoria. De modo que aquilo que deveria ser, logicamente, uma teoria geral do objecto das relações jurídicas transforma-se-nos nas mãos numa teoria geral do objecto dos direitos; e aquilo que deveria ser uma teoria geral do objecto dos direitos transforma-se, por último, numa teoria geral do objecto dos direitos reais. É isto o que geralmente faz a ciência do Direito, para a qual, obedecendo a uma tendência vulgar da nossa representação da realidade, à falta de melhor, coisa e objecto de direito vêm a ser afinal, aproximadamente, noções idênticas ou convertíveis uma na outra".

3. Diferentes classes de bens

3.1 Bens considerados em si mesmos

A partir de uma classificação que leva em conta as características internas presentes em cada bem, o Código Civil classificou os bens em *imóveis, móveis, fungíveis, infungíveis, consumíveis, divisíveis, indivisíveis, singulares* e *coletivos*.

3.1.1 Bens imóveis

"Mobilidade" – do Latim *mobilitate* – é a qualidade ou a propriedade daquilo que é móvel ou obedece às leis do movimento. Mover-se é a variação experimentada no tempo pelas coordenadas de um corpo em relação a um referencial. Imóvel é o corpo sem movimento. A partir deste critério físico, o legislador distinguiu os bens imóveis dos bens móveis, muito embora a distinção não se ampare exclusivamente nesse critério.

O Código Civil conhece quatro categorias de bens imóveis:

a) os imóveis por natureza (art. 79 do CC);

b) os imóveis por acessão natural;

c) os imóveis por acessão artificial; e

d) os imóveis por determinação legal (art. 80 do CC).

O art. 79, primeira parte, do CC descreve como bem imóvel por natureza o solo com sua superfície. Eles, por natureza, não têm mobilidade. Trata-se, por essência, de bem imóvel.

O art. 79, segunda parte, do CC descreve como bem imóvel tudo o que for incorporado ao solo de modo natural ou artificial. Cuida-se de um fenômeno de agregação, de incorporação, denominado de *acessão*. A acessão pode ser física, e nesse caso ela ocorre naturalmente, sem a intervenção do homem. Exemplos de acessão física nós temos no art. 1.248, I a IV, do CC. A acessão pode ser artificial, e nesse caso ela ocorre pela intervenção do homem, como no caso de plantações e construções (art. 1.248, V). A imobilidade decorre de um processo de incorporação de bens ao solo, de modo permanente, pela atividade humana, não podendo a coisa incorporada ser retirada sem destruição, modificação, fratura ou dano.

O art. 80 do CC, com o objetivo de imprimir maior segurança a determinadas relações jurídicas, considerou bens imóveis, para efeitos legais, os direitos reais sobre imóveis – como o usufruto, o uso, a propriedade, a hipoteca – e as ações que os asseguram – como as ações de reivindicação, confessória, negatória de servidão – e o direito à sucessão aberta.

3.1.2 Bens móveis

Os bens móveis são os que sem alteração da substância ou do destino econômico-social podem mover-se por força própria, denominados semoventes, ou por força alheia (CC, art. 82).

A doutrina classifica três categorias de bens móveis:

a) os bens móveis por natureza que sem alteração da substância ou do destino econômico-social podem mover-se por força própria ou alheia. Há, no caso, uma exata coincidência entre o critério natural e o critério jurídico;

b) os bens móveis por antecipação, isto é, aqueles bens que são naturalmente incorporados aos bens imóveis, mas que por vontade humana se destinam em breve a ser destacados e mobilizados, como árvores;

c) os bens móveis por determinação legal, entre eles os descritos no art. 83 do CC: as energias que tenham valor econômico; os direitos reais sobre objetos móveis e as ações correspondentes; os direitos pessoais de caráter patrimonial e respectivas ações.

3.1.3 Bens fungíveis e infungíveis

Os bens fungíveis são bens móveis que podem ser substituídos por outros bens da mesma espécie, qualidade e quantidade. Conforme realçou Sílvio Rodrigues, na base do conceito encontra-se a possibilidade de substituição da coisa por outra, sem prejuízo para o credor.[8] De acordo com Caio Mário da Silva Pereira, "as coisas fungíveis guardam entre si uma relação de equivalência, o que lhes atribui um mesmo poder liberatório, e significa que o devedor tem a facul-

---

8. Sílvio Rodrigues, *Direito Civil – Parte Geral*, vol. I, p. 129.

dade de se quitar da obrigação, entregando ao credor uma coisa em substituição à outra, desde que do mesmo gênero, da mesma qualidade e na mesma quantidade".[9]

Bens infungíveis são os que, em razão de suas qualidades, não podem ser substituídos por outros bens equivalentes. São bens singulares.

A infungibilidade e a fungibilidade podem ser estipuladas pelas partes. De acordo com Caio Mário da Silva Pereira, "a intenção das partes pode caracterizar por seus fatores diferenciais coisas naturalmente fungíveis, e torná-las infungíveis". No mesmo sentido a lição de Washington de Barros Monteiro, para quem "a fungibilidade ou a infungibilidade é predicado que resulta, em regra, da própria qualidade física, da própria natureza da coisa. Mas pode advir igualmente da vontade das partes. Estas, por convenção, tornam infungíveis coisas intrinsecamente fungíveis".[10]

A noção de fungibilidade e a noção de infungibilidade estendem-se ao objeto das obrigações de fazer. Prestação fungível é aquela que pode ser realizada por qualquer pessoa, inclusive uma diversa da pessoa do devedor; enquanto serviço infungível é o que só pode ser prestado pelo próprio devedor. Esta distinção tem relevo no caso de descumprimento da obrigação. No serviço fungível o credor, diante da recusa do devedor, pode determinar a execução do serviço por outrem, enquanto no serviço infungível, ante a recusa do devedor, cabe exigir tão-somente o equivalente em perdas e danos.

3.1.4 *Bens consumíveis*

A consuntibilidade – isto é, a qualidade daquilo que é consumível – pode ser de fato, como a dos gêneros alimentícios. Assim, são consumíveis os bens que se esgotam, se destroem, com o primeiro uso.

Os bens considerados naturalmente consumíveis devem, segundo Orlando Gomes, sofrer, com o uso, destruição imediata. O bem suscetível de consumir-se ou deteriorar-se depois de um lapso de tempo mais ou menos longo não é considerado consumível. Do contrário todos os

---

9. Caio Mário da Silva Pereira, *Instituições de Direito Civil*, 19ª ed., vol. I, p. 290.
10. Washington de Barros Monteiro, *Curso de Direito Civil – Parte Geral*, cit., vol. 1, p. 144.

bens seriam consumíveis. Bens não-consumíveis são aqueles que suportam uso continuado, repetido. Daí por que o perecimento progressivo de uma coisa pelo seu uso ou pelo decurso de tempo caracteriza o bem como deteriorável, e não consumível.[11] A consuntibilidade pode ser jurídica, como a de uma mercadoria exposta à venda. Nesse caso o uso não poderá ser renovado, por a primeira utilização implicar a alienação do bem (a consuntibilidade jurídica).

O CC, no art. 86, contempla essas duas modalidades de consuntibilidade: a de fato e a jurídica. Prescreve o art. 86: "São consumíveis os bens móveis cujo uso importa destruição imediata da própria substância, sendo também considerados tais os destinados à alienação". A vontade humana também pode transformar um bem consumível em inconsumível, como no caso do empréstimo de gêneros alimentícios para serem apenas exibidos (*ad pompam vel ostentationis causam*).

3.1.5 Bens divisíveis e bens indivisíveis

Os bens podem ser divisíveis ou indivisíveis. A divisibilidade ou indivisibilidade de um bem repousa em critério eminentemente jurídico.

A divisibilidade, enquanto qualidade física do bem, está presente em todos os bens. Enquanto critério jurídico, a divisibilidade repousa em dois pressupostos: o de manter o valor econômico e o de manter as qualidades essenciais do todo. Por isso, o Código considera divisível o bem cuja divisão não implicar perda do valor econômico ou das qualidades essenciais do todo (CC, art. 87: "Bens divisíveis são os que se podem fracionar sem alteração na sua substância, diminuição considerável de valor, ou prejuízo do uso a que se destinam").

Indivisível é o bem que não pode ser dividido sem que da divisão resulte a perda do seu valor econômico ou a perda das suas qualidades essenciais. A indivisibilidade, além de natural, pode decorrer da lei ou vontade das partes.

Na verdade, tanto a divisibilidade como a indivisibilidade podem se converter, por vontade das partes, na qualidade oposta.[12]

---

11. Orlando Gomes, *Introdução ao Direito Civil*, cit., p. 232.
12. Idem, p. 233.

3.1.6 Bens singulares e coletivos

O Código Civil classifica os bens em singulares ou coletivos (arts. 89 a 91). Os bens singulares, mesmo reunidos, são considerados individualmente, independentemente dos demais (CC, art. 89). Os bens coletivos, quando reunidos, são considerados conjuntamente, como um todo, assumem nova função. A função desempenhada pela reunião deles faz com que sejam considerados como um todo.

Os bens coletivos apresentam-se como uma universalidade de fato ou uma universalidade de direito. A universalidade de fato é composta de bens corpóreos ligados entre si pela vontade humana com vistas a realizar determinado fim, como ocorre com uma biblioteca, uma coleção de quadros, de selos. A universalidade de direito é composta de bens corpóreos e incorpóreos, como direitos, reunidos por imposição legal com vistas à produção de efeitos, como o patrimônio e a herança. De acordo com Caio Mário da Silva Pereira, "a idéia fundamental da universalidade jurídica é um conjunto de relações de direito, e não propriamente as coisas sobre que recaem".[13] O Código Civil definiu como universalidade de direito no artigo 91 "o complexo de relações jurídicas, de uma pessoa, dotadas de valor econômico".

A universalidade de fato não representa algo diverso dos bens que a compõem. Cada bem mantém sua individualidade, de modo que os bens podem ser individualmente alienados (art. 90 do CC). Já a universalidade de direito representa algo diverso dos bens que a compõem; nela prepondera o tratamento coletivo, e mesmo a permanência de um único bem não lhe retira a qualidade de coletivo.

3.2 Bens reciprocamente considerados

Os bens reciprocamente considerados pressupõem interdependência entre eles. Um bem considerado isoladamente não é nem principal, nem acessório.

---

13. Caio Mário da Silva Pereira, *Instituições de Direito Civil*, cit., 19ª ed., vol. I, p. 295.

3.2.1 Bem principal

Bem principal é o bem que existe sobre si, por si, abstrata ou concretamente. Sua existência não depende da existência de outro bem (CC, art. 92, primeira parte). Ele existe autonomamente.

3.2.2 Bem acessório

O bem acessório tem existência subordinada. Ele serve a completar em caráter subsidiário a finalidade econômica do bem principal. Um bem, para ser qualificado como acessório, deve ser dependente de um bem dito principal, isto é, não ter autonomia. O que caracteriza um bem como acessório é sua subordinação existencial ao bem principal.

São bens acessórios as pertenças, os frutos, produtos, rendimentos, as benfeitorias e acessões.

Pertenças são as coisas destinadas e empregadas ao uso, ao serviço ou ao ornamento duradouro de outra coisa, a qual continuaria a ser considerada completa, mesmo que lhe faltasse esse acessório. Exemplo: estojo de jóias; a bainha da espada. As pertenças são coisas acessórias que não se integram fisicamente ao bem principal e mantêm a condição de coisas individualizadas.

Os *frutos* são as utilidades que a coisa produz periodicamente sem o desfalque da sua substância. Os frutos apresentam as seguintes características: são periódicos; não alteram a substância do bem principal (inalterabilidade); são separáveis da coisa principal (separabilidade). Classificam-se, de acordo com a origem, em naturais, industriais e civis.

Os *frutos naturais* são os frutos produzidos pela força orgânica do bem, como os frutos vegetais. Os *frutos industriais* são os produzidos pelo esforço humano a partir de um processo mecânico. Os *frutos civis* são os produzidos pela utilização econômica do bem principal em decorrência de uma relação jurídica, como os aluguéis. Os frutos classificam-se, de acordo com o seu estado, em pendentes, percebidos ou colhidos, estantes, percipiendos e consumidos. Os frutos são *pendentes* quando ainda unidos à coisa que os produziu. Eles são *percebidos* (frutos civis e industriais) ou *colhidos* (frutos naturais) depois de separados do bem que os produziu. *Estantes* se, depois de separados, ainda existem. *Percipiendos* os que deviam ser colhidos mas não o foram. E *consumidos* os que foram utilizados.[14]

Produtos são as utilidades retiradas de um bem, diminuindo-lhe a quantidade, até o esgotamento. A distinção entre "frutos" e "produtos" é baseada num dado objetivo que define os frutos como a produção normal e periódica da coisa, sem o desgaste da sua substância. Essa diferença repousaria em dois traços distintivos: capacidade de reprodução e ausência de desgaste do bem principal. Assim, por esse critério, a extração do fruto não alteraria a substância do bem principal, enquanto a extração do produto determinaria sua progressiva diminuição.

A diferença entre "frutos" e "produtos" tem alguma importância. A distinção interessa à delimitação de certos direitos de gozo, especialmente o usufruto no que diz respeito aos efeitos da posse, pois o usufrutuário teria direito aos frutos da coisa, e não aos produtos.[15]

Rendimentos são prestações periódicas em dinheiro resultantes da outorga do uso e gozo de um bem a uma pessoa mediante o estabelecimento de uma relação jurídica. Os rendimentos apresentam as seguintes características: valor pecuniário, periodicidade e inalterabilidade da substância. Os rendimentos classificam-se como frutos civis produzidos pela utilização econômica da coisa principal, em razão de uma relação jurídica. Exemplos: aluguéis, juros.

Benfeitorias são as obras e os gastos feitos num bem com o propósito de conservá-lo, melhorá-lo ou embelezá-lo. As benfeitorias resultam da atividade humana (art. 97 do CC). São classificadas em necessárias, úteis e voluptuárias. *Benfeitorias necessárias* são as obras e os gastos indispensáveis à conservação da coisa ou a evitar que ela se deteriore. *Benfeitorias úteis* são as obras e os gastos que aumentam ou favorecem o uso da coisa. *Benfeitorias voluptuárias* tornam o bem mais agradável ou o embelezam (art. 96 do CC).

As *acessões* já foram vistas no item 3.1.1, supra, do presente capítulo.

---

14. Clóvis Beviláqua, *Código Civil dos Estados Unidos do Brasil Comentado*, p. 294.
15. Orlando Gomes, *Introdução ao Direito Civil*, cit., p. 241.

4. Bens públicos

O Código Civil considera *bens públicos* os que pertencem às pessoas jurídicas de direito público interno (art. 98 do CC), incluídas aquelas às quais se tenha dado a estrutura de direito privado (fundações) (art. 99, parágrafo único, do CC). A titularidade da propriedade por pessoa jurídica de direito público foi o critério escolhido pelo legislador. A doutrina, porém, considera bem público o bem que esteja afeto à prestação de um serviço público – noção mais ampla que aquela acolhida pelo Código Civil.

Os bens públicos, de acordo com a destinação, classificam-se em bens de uso comum, de uso especial e bens dominicais.

Bens de uso comum são os que podem ser utilizados indistintamente por todos, em igualdade de condições, sem a necessidade de prévia autorização da autoridade administrativa ou sem a necessidade de prévia comunicação a esta. Exemplos: praças, praias, ruas, estradas.

Bens de uso especial são bens que estão preordenados ao atendimento de uma finalidade específica, como instrumentos para a prestação de um serviço público (escolas, creches, hospitais, bibliotecas) ou sede de órgãos públicos.

Bens dominicais ou *dominiais* são os bens que não são nem de uso comum, nem de uso especial, mas que pertencem ao domínio das pessoas jurídicas de direito público, como qualquer titular privado de um direito real de propriedade.

O regime jurídico dos bens públicos é o da inalienabilidade, imprescritibilidade e impenhorabilidade, previsto no art. 100 do CC.

5. Bem de família

Com o nome de "bem de família", o Código Civil permite que cônjuges ou conviventes afetem até um terço do patrimônio familiar com tríplice finalidade: (a) funcionar como moradia; (b) produzir renda a ser aplicada no imóvel que serve de moradia; (c) produzir renda aplicável ao sustento da família. Para tanto, os legitimados poderão destinar prédio residencial urbano ou rural com pertenças e acessórios para servir de domicílio da família, bem como valores mobiliários (ações, títulos da dívida pública) aplicáveis na conservação do imóvel e no sustento da família, desde que não excedam o próprio valor do prédio destinado a servir de domicílio da família (CC, art. 1.713).

Esta afetação, a ser realizada por escritura pública ou por testamento, devidamente registrada (CC, art. 1.714), retira tais bens do comércio, tornando-os, em regra, inalienáveis e impenhoráveis por dívidas contraídas posteriormente à afetação (CC, art. 1.715), exceto em relação às dívidas provenientes de tributos relativos ao prédio ou de despesas de condomínio (CC, art. 1.715).

Um terceiro poderá instituir bem de família em favor de uma família se os cônjuges e conviventes beneficiados aceitarem o bem de família (CC, art. 1.711, parágrafo único). O beneficiário dessa afetação é a "família", assim entendida a comunidade formada entre os cônjuges, entre os conviventes, entre estes e os filhos ou entre o pai e a mãe e os respectivos filhos.

A extinção do bem de família poderá ocorrer com a morte de um dos cônjuges, se o bem de família for o único bem do casal (CC, art. 1.721, parágrafo único); com a morte de ambos os cônjuges e maioridade dos filhos, desde que não sujeitos a curatela (CC, art. 1.722); a pedido de todos os interessados – o que inclui os filhos menores, que, nesse caso, serão representados ou assistidos por curador designado pelo magistrado.

Capítulo 5
FATOS JURÍDICOS – NEGÓCIO JURÍDICO – DISPOSIÇÕES GERAIS

1. Fato jurídico: 1.1 Conceito – 1.2 Classificação dos fatos jurídicos. 2. Negócio jurídico: 2.1 Conceito e importância: 2.1.1 Tese voluntarista – 2.1.2 Tese objetiva – 2.2 Definição estrutural do negócio jurídico – 2.3 Elementos, requisitos e fatores dos negócios jurídicos: 2.3.1 Plano da existência: 2.3.1.1 Elementos gerais – 2.3.1.2 Elementos categoriais – 2.3.1.3 Elementos particulares – 2.3.2 Plano da validade – 2.3.3 Plano da eficácia.

1. Fato jurídico

1.1 Conceito

O conceito de "fato jurídico" para a ciência do Direito é dado a partir do critério da relevância. *Fato jurídico*, para o Direito, é todo o *fato juridicamente relevante*. A palavra "fato" compreende o acontecimento natural e o ato humano. A expressão "juridicamente relevante" identifica-se com a produção de conseqüências jurídicas, significa produzir efeitos jurídicos. À ciência do Direito interessam apenas os fatos que possam ter conseqüências jurídicas – portanto, os chamados "fatos jurídicos", conforme lição de Carlos Alberto da Mota Pinto:

"Facto jurídico é todo o acto humano ou acontecimento natural juridicamente relevante. Esta relevância jurídica traduz-se, principalmente, se não mesmo necessariamente, na produção de efeitos jurídicos.

"Há factos sociais ou naturais indiferentes para o Direito, isto é, desprovidos de qualquer eficácia jurídica. São factos *materiais*, *ajurídicos*, neutrais do ponto de vista do ordenamento jurídico (por exemplo:

o convite para um passeio, uma visita de cortesia social, o uso de gravatas de certa cor etc.)."[1]

1.2 Classificação dos fatos jurídicos

Os fatos jurídicos podem ser classificados em dois grandes grupos: os fatos jurídicos involuntários ou naturais e os fatos jurídicos voluntários.

Nos *fatos jurídicos involuntários* não há participação de pessoas na condição de sujeitos ou agentes. Os fatos jurídicos involuntários resultam de causas naturais ou, ainda que haja a participação dos sujeitos, esta é irrelevante para o estabelecimento das conseqüências jurídicas daqueles fatos jurídicos. São exemplos de fatos jurídicos involuntários: a tempestade, a morte, o nascimento.

Nos *fatos jurídicos voluntários* há participação de sujeitos enquanto agentes e a manifestação volitiva deles, externada pela declaração, é juridicamente relevante e determinante para a constituição e designação de efeitos. São exemplos de fatos jurídicos voluntários: o contrato, o testamento, o reconhecimento de um filho.

Os *fatos jurídicos voluntários*, também denominados *atos jurídicos*, podem ser lícitos ou ilícitos. Serão *lícitos* se forem conformes com a ordem jurídica, e *ilícitos* se forem desconformes com a ordem jurídica.

Os fatos jurídicos voluntários ou atos jurídicos podem ser classificados em atos jurídicos em sentido estrito e negócios jurídicos.

Os *atos jurídicos em sentido estrito* ou os *simples atos jurídicos* são fatos voluntários cujas conseqüências, embora desejadas pelas partes, já estão predeterminadas pela lei, de modo que os efeitos de tais atos produzem-se *ex lege*. De acordo com Carlos Alberto da Mota Pinto, "os simples actos jurídicos são factos voluntários cujos efeitos se produzem, mesmo que não tenham sido previstos ou queridos pelos seus autores, embora muitas vezes haja concordância entre a vontade destes e os referidos efeitos. Não é, todavia, necessária uma vontade de produção dos efeitos correspondentes ao tipo de simples acto jurídico em causa para essa eficácia se desencadear".[2]

---

1. Carlos Alberto da Mota Pinto, *Teoria Geral do Direito Civil*, p. 353.
2. Idem, p. 355.

Os *negócios jurídicos* são fatos voluntários compostos essencialmente de manifestações de vontade convergentes no estabelecimento das conseqüências, de modo que os efeitos jurídicos do negócio são arquitetados, previstos e desejados pelas partes. Os efeitos costumam produzir-se *ex voluntate*. Para Carlos Alberto da Mota Pinto, "os negócios jurídicos são factos voluntários, cujo núcleo essencial é integrado por uma ou mais declarações de vontade a que o ordenamento jurídico atribui efeitos jurídicos concordantes com o conteúdo da vontade das partes, tal como este é objetivamente (de fora) apercebido".[3] No mesmo sentido a lição de Sílvio de Macedo, para quem "negócio jurídico é declaração de vontade destinada a produzir efeitos que o agente deseja e o Direito reconhece".[4]

2. Negócio jurídico[5]

2.1 Conceito e importância

2.1.1 Tese voluntarista

A definição ou o conceito de "negócio jurídico" obedece a algumas idéias concebidas no tempo. Uma primeira definição recorre à idéia de origem do negócio jurídico, a chamada "definição pela gênese do negó-

---

3. Idem, ibidem.
4. Sílvio de Macedo, "Negócio jurídico", in *Enciclopédia Saraiva de Direito*, p. 170.
5. Conforme Sílvio de Macedo, no verbete "Negócio jurídico", cit. (*Enciclopédia Saraiva de Direito*, p. 170):
"O negócio jurídico aparece com os jusnaturalistas alemães do século XVIII, que deram início à rica construção doutrinária desenvolvida no século XIX. O direito natural reconhecia na vontade particular o instrumento de combate à prepotência dos príncipes e dos governantes. Os juristas da época, reportando-se ao direito justinianeu, criaram uma teoria jurídica baseada na vontade individual, concebendo o negócio jurídico como paradigma da manifestação de vontade privada, destinada ao nascimento, modificação ou extinção de uma relação de direito.
"A consagração desse termo como figura básica do direito privado deve-se aos pandectistas alemães, entre os quais Hugo, Heise, Thibaut, Savigny e Puchta. Savigny utilizava como sinônimos *declaração de vontade* e *negócio jurídico*, mas com Puchta torna-se evidente a diferenciação da nova figura quanto ao ato jurídico. Na primeira metade do século XIX o conceito passou a integrar definitivamente a ciência jurídica alemã, austríaca e belga, mas simplesmente como conceito científico, não como disposição de lei."

cio jurídico", ou a *tese voluntarista*. Para esta corrente – a mais antiga na ordem histórica e aceita na doutrina brasileira – o negócio jurídico é definido como declaração de vontade; como manifestação de vontade destinada a produzir efeitos jurídicos. O negócio jurídico seria constituído por uma ou mais declarações de vontade voltadas à realização de certas conseqüências jurídicas, queridas e desejadas, normalmente, pelas partes. Para Carlos Alberto da Mota Pinto, "os negócios jurídicos são actos jurídicos constituídos por uma ou mais declarações de vontade, dirigidas à realização de certos efeitos práticos, com a intenção de os alcançar sob tutela do Direito, determinando o ordenamento jurídico a produção dos efeitos jurídicos conformes à intenção manifestada pelo declarante ou declarantes".[6]

Quando se fala em "efeitos jurídicos desejados pelas partes" não se abraça o ponto de vista dos que entendem que, nesse caso, haveria uma vontade das partes dirigida à produção de determinados e precisos efeitos jurídicos (a *teoria dos efeitos jurídicos*), pois, consoante crítica feita, apenas os juristas completamente informados sobre o ordenamento jurídico poderiam celebrar negócios jurídicos.[7] O correto é entender que os agentes do negócio jurídico têm em mente certos resultados práticos ou materiais a serem realizados pela via jurídica, daí por que apresentam uma vontade de efeitos jurídicos. Existe uma vontade dirigida a determinado resultado econômico juridicamente garantido. A *teoria dos efeitos prático-jurídicos* vê na vontade das partes não uma representação completa dos efeitos jurídicos, mas uma representação global prática dos efeitos jurídicos imediatos e fundamentais do negócio.[8] Esta forma de conceituar o negócio jurídico sofre críticas por estar pautada num ponto de vista profundamente psicológico, fundado no dogma da vontade, que já perdeu sua importância nos dias de hoje.

2.1.2 Tese objetiva

Emilio Betti define o negócio jurídico pela função que ele desempenha no sistema ou pelos efeitos que ele produz. É a denominada *teoria preceptiva*, para a qual o negócio jurídico constitui um comando

---

6. Carlos Alberto da Mota Pinto, *Teoria Geral do Direito Civil*, cit., p. 379.
7. Idem, p. 380.
8. Idem, p. 382.

concreto (um preceito, uma ordem) ao qual o ordenamento jurídico reconhece eficácia vinculativa. Por não reconhecer relevância à vontade na definição do negócio jurídico, esta teoria filia-se à tese objetiva do negócio jurídico.

2.2 Definição estrutural do negócio jurídico

No Brasil, Antônio Junqueira de Azevedo difunde o conceito estrutural do negócio jurídico, isto é, um conceito que procura explicá-lo a partir do que ele é; da sua estrutura. Neste aspecto, o negócio jurídico apresenta-se como fato jurídico abstrato e fato jurídico concreto.

Como *fato jurídico abstrato*, o negócio jurídico é uma declaração de vontade (característica primária) constitutiva de direito (característica secundária). É uma hipótese de fato jurídico que consiste em uma manifestação de vontade cercada de circunstâncias – as circunstâncias negociais – que fazem com que socialmente essa manifestação seja vista como dirigida à produção de efeitos jurídicos.

Como *fato jurídico concreto*, o negócio jurídico é todo fato jurídico consistente em declaração de vontade (manifestação destinada a produzir efeitos jurídicos) a que o ordenamento jurídico atribui os efeitos designados como queridos, respeitados os pressupostos de existência, validade e eficácia, impostos pela norma jurídica que sobre ele incide.[9]

2.3 Elementos, requisitos e fatores dos negócios jurídicos

Os autores recorrem a uma classificação tripartite dos elementos do negócio jurídico: elementos essenciais (*essentialia negotii*), elementos naturais (*naturalia negotii*) e elementos acidentais (*accidentalia negotii*). Os *elementos essenciais* (*essentialia negotii*), como regra, são todos aqueles sem os quais o negócio jurídico não existiria. Normalmente, são eles: a capacidade das partes, a legitimidade, quando sua falta resulte na invalidade, a declaração de vontade isenta de vícios, a idoneidade do objeto e a forma. Os *elementos naturais* (*naturalia negotii*) são os efeitos negociais que derivam de disposições legais supleti-

---

9. Antônio Junqueira de Azevedo, *Negócio Jurídico: Existência, Validade e Eficácia*, pp. 1-16.

vas e, portanto, sem a necessidade de que as partes os prevejam – como, na compra e venda, a garantia que presta o vendedor pelos riscos da evicção e pelos vícios redibitórios. Os *elementos acidentais* (*acidentalia negotii*) são as cláusulas acessórias dos negócios jurídicos, como a condição, o termo e o encargo.

Podemos abandonar essa classificação. Devemos analisar o negócio jurídico em três planos distintos: o da existência, o da validade e o da eficácia. O *plano da existência* requer a presença de certos elementos (elementos, aquilo que compõe algo mais complexo), sem os quais o negócio jurídico não chega a existir. O *plano da validade* requer a presença de certos requisitos, isto é, condições ou exigências que devem satisfazer certos fins, sem os quais o negócio jurídico não é válido. O *plano da eficácia* demanda a presença de certos fatores, isto é, tudo aquilo que concorre para determinado resultado, sem dele fazer parte, sob pena de o negócio jurídico não produzir efeitos.

2.3.1 Plano da existência

2.3.1.1 Elementos gerais – Os elementos gerais são os indispensáveis à existência de todo e qualquer negócio jurídico. Eles são intrínsecos ao negócio jurídico – como a declaração, a forma, o conteúdo – e extrínsecos ao negócio jurídico – como o agente.

A *declaração negocial* – A declaração negocial configura verdadeiro elemento do negócio jurídico, pois sem ela o negócio jurídico não existe. A declaração negocial pode ser definida, na esteira do pensamento de Carlos Alberto da Mota Pinto, "como o comportamento que, exteriormente observado, cria a aparência de exteriorização de um certo conteúdo de vontade negocial".[10] Este conceito, como explica o referido autor, dá ênfase a um dado objetivo ao fazer recair sua nota essencial num elemento exterior, que é o comportamento declarativo, deixando de lado o elemento interior, a vontade real, efetiva, psicológica – e, com isso, empresta segurança e relevância à aparência com o fim de proteger as expectativas legítimas dos destinatários da declaração à segurança do comércio jurídico.[11]

---

10. Carlos Alberto da Mota Pinto, *Teoria Geral do Direito Civil*, cit., p. 416.
11. Idem, p. 417.

Elementos da declaração negocial – A declaração negocial é composta de dois elementos: a declaração e a vontade. A *declaração* é o elemento externo, consiste no comportamento declarativo ou naquilo que se revela, que se mostra ao destinatário. A *vontade* é o elemento interno, e consiste no querer. Como regra, deve haver uma coincidência entre vontade e declaração.

A vontade é decomposta em três subelementos: a vontade de ação, a vontade de declaração e a vontade negocial. A *vontade de ação* (*Handlungswille*) consiste em querer manifestar o comportamento declarativo. Consiste na consciência e intenção do comportamento declarativo. Alguém vítima de coação absoluta não tem vontade de ação. A *vontade de declaração* ou *vontade da relevância negocial da ação* consiste em ter o agente ciência e consciência de que o comportamento querido e desejado por ele tem o significado de uma declaração negocial vinculativa. Pode faltar a vontade de declaração. Alguém subscreve um contrato, julgando assinar uma carta de felicitações. A *vontade negocial* ou *intenção de resultado* consiste na vontade de celebrar um negócio jurídico de conteúdo coincidente com o significado exterior da declaração. Pode haver desvio na vontade negocial, como no caso de declaração de objeto diverso.[12] Para nós, o CC, no art. 112, quando manda observar, nas declarações, mais a intenção nelas consubstanciada que o sentido literal da linguagem, não permaneceu no antigo voluntarismo, mas privilegiou a vontade negocial.

Espécies de declaração negocial – A declaração negocial pode ser expressa ou tácita. Há *declaração expressa* quando a pessoa recorre a fontes de expressão da vontade direta e objetivamente reconhecíveis pelo destinatário, como a fala, a escrita, os gestos. Há *declaração tácita* quando a pessoa recorre a fontes de expressão da vontade indireta e subjetivamente reconhecíveis pelo destinatário, de modo que do meio utilizado o destinatário precisará deduzir o querido e desejado pelo declarante.

De acordo com Carlos Alberto da Mota Pinto, "a declaração é expressa quando feita por palavras, escrito ou quaisquer outros meios diretos, frontais, imediatos, de expressão da vontade, e tácita quando do seu conteúdo direto se infere um outro, isto é, quando se destina a um

12. Idem, p. 423.

certo fim, mas implica e torna cognoscível, *a latere*, um auto-regulamento sobre outro ponto – em via oblíqua, imediata, lateral".[13]

O valor do silêncio – O silêncio só terá valor negocial – e, portanto, vinculativo – se existir norma legal, acordo das partes ou uso prevalente em certo ambiente social que atribua ao silêncio tal valor. De acordo com a lição de Carlos Alberto da Mota Pinto, "a atribuição ao silêncio do valor de consenso negocial não é, como regra geral, razoável. Só lhe caberá tal significado se houver norma legal ou convenção das partes nesse sentido, bem como na hipótese de um uso prevalente em certo círculo social ou uma prática estabelecida entre os contraentes legitimar a atribuição de sentido negocial a um comportamento omissivo".[14]

É nesse sentido que deve ser entendido o art. 111 do CC brasileiro, que recebeu de Sílvio de Salvo Venosa o seguinte comentário: "O silêncio apenas produz efeitos quando acompanhado de outras circunstâncias ou condições. O silêncio de um contratante só pode induzir manifestação de vontade, aquiescência de contratar, se naquelas determinadas circunstâncias, inclusive pelos usos e costumes do lugar, pode intuir-se uma manifestação volitiva".[15] Desta forma, é imperioso concluir que, por si, o silêncio não tem valor negocial algum.

Declaração negocial presumida – Ocorre declaração negocial presumida quando a lei atribui a determinado comportamento o exprimir num certo sentido a vontade negocial, como no caso da inutilização de testamento cerrado, a que a lei atribui a vontade negocial de revogá-lo (CC, art. 1.972). Trata-se de presunção que pode ser ilidida por prova em sentido contrário.

Declaração negocial ficta – A declaração negocial será ficta sempre que a lei atribuir a um determinado comportamento o exprimir uma certa vontade negocial sem a admissão de prova em contrário, como ocorre com a prorrogação do contrato de locação por prazo indeterminado se o locador não ingressar com ação de despejo nos 30 dias subseqüentes ao término do contrato.

Objeto do negócio jurídico – A expressão "objeto do negócio jurídico" é equívoca, por se prestar a designar coisas diversas, como o

---

13. Idem, p. 425.
14. Idem, p. 427.
15. Sílvio de Salvo Venosa, *Direito Civil – Teoria Geral*, 2ª ed., vol. 1, p. 387.

conteúdo de negócio jurídico ou bens objeto de declarações negociais.

Assim, num contrato de compra e venda o objeto será o conteúdo do contrato (as cláusulas que versam sobre o preço, condições de pagamento, descrição do bem) e o bem a ser entregue e o preço a ser pago. Nesse sentido os ensinamentos de Sílvio de Salvo Venosa: "Sob o enfoque ora dado, podemos distinguir o objeto imediato ou conteúdo, que são os efeitos jurídicos a que o negócio tende, de acordo com as manifestações de vontade e a lei aplicável; e o objeto mediato, ou objeto propriamente dito, que é aquilo sobre o que recaem aqueles efeitos".[16]

Forma da declaração negocial – A forma pode ser conceituada como o modo de exteriorização de uma declaração negocial. A forma atenderia a três finalidades. A primeira é a de tornar certa e induvidosa a manifestação de vontade; a segunda é demonstrar a existência dessa manifestação de vontade apta a produzir efeitos jurídicos; a terceira, proteger pela publicidade a boa-fé de terceiros.

A forma tem vantagens e desvantagens. Entre as vantagens, a forma serve para permitir às partes uma oportunidade maior para reflexão acerca da conclusão do negócio, pois é maior o tempo que medeia entre a decisão e realizar o negócio e celebrá-lo; serve também para distinguir, de modo preciso, as fases de celebração e negociação; a forma proporciona um elevado grau de certeza da existência do negócio jurídico e possibilita certa publicidade ao ato. Entre as desvantagens podemos enumerar a redução da celeridade do comércio jurídico e eventuais injustiças decorrentes de uma desvinculação posterior da parte com fundamento em nulidade do negócio jurídico por vício de forma, embora a parte tenha querido realizar o negócio jurídico.[17]

O CC, no art. 107, ao repetir norma do art. 129 do CC de 1916, acolheu o princípio da forma livre. Assim, a forma especial, a forma complexa, quando exigida, vem especificada em lei; e, se não existir disposição em contrário, a forma é livre. Admitiu, no entanto, numerosas exceções, a ponto de, devido à crescente exigência de formas expressas em lei, ser possível afirmar que teria havido a inversão do princípio: a regra seria a forma especial, e a exceção a forma livre.

16. Idem, p. 392.
17. Carlos Alberto da Mota Pinto, *Teoria Geral do Direito Civil*, cit., pp. 430-431.

2.3.1.2 Elementos categoriais – Ao lado dos elementos gerais, considerados indispensáveis à existência de todo e qualquer negócio jurídico, existem os elementos categoriais, que são revelados pela análise doutrinária da estrutura normativa de cada categoria de negócio jurídico, como a compra e venda, a doação. Estes elementos categoriais resultam da ordem jurídica, e não da vontade das partes.

Os elementos categoriais são de duas espécies. Os denominados *elementos categoriais essenciais* ou *inderrogáveis* são aqueles impostos pelo ordenamento jurídico a certas categorias de negócios jurídicos, como o consenso sobre a coisa e o preço na compra e venda; a manifestação do *animus donandi* na doação; e a obrigação de segurança no contrato de transporte. E os chamados *elementos categoriais naturais* ou *derrogáveis*, isto é, que podem ser alterados pela vontade das partes – como a responsabilidade pela evicção nos contratos onerosos e a gratuidade no contrato de depósito.

2.3.1.3 Elementos particulares – Os elementos particulares são aqueles apostos pelas partes; eles existem em um negócio concreto sem serem próprios de todos os negócios. São voluntários, pois não resultam da ordem jurídica, como a condição, o termo e o encargo. Também são conhecidos por *elementos acidentais*, porque não fazem parte da estrutura típica do negócio, e não porque tenham importância secundária. Eles são somente acidentais se considerados abstratamente; apostos a um negócio jurídico, tornam-se seus elementos essenciais, porque ficam intimamente ligados a ele.

2.3.2 Plano da validade

Ser válido é ser regular; estar de acordo com as regras jurídicas; existir em conformidade com as regras jurídicas. A declaração de vontade, para ser válida, deve ser: (a) resultante de um processo volitivo; (b) querida com plena consciência da realidade; (c) escolhida com liberdade; (d) deliberada sem má-fé. A declaração de vontade deve ser livre de vícios que a afetem, como o erro, o dolo ou a coação.

A *capacidade negocial de gozo* consiste na possibilidade de a pessoa ser titular de direitos e obrigações decorrentes de negócios jurídicos. É insuprível. A *capacidade negocial de exercício* consiste na possibilidade de a pessoa, por atividade própria ou mediante representante, atuar juridicamente e exercer direitos ou cumprir obrigações. É suprível pelos institutos da representação e da assistência.

A *legitimidade*, por sua vez, é a relação que há entre o sujeito e o objeto do negócio que o autoriza a dispor dele. Não se confunde com a capacidade, pois a pessoa pode ser capaz, mas lhe faltar legitimidade, título, que lhe permita dispor a respeito daquele bem.

A distinção entre "capacidade" e "legitimidade" foi bem enfocada por Emilio Betti: "A capacidade é a aptidão intrínseca da parte para dar vida a atos jurídicos; a legitimidade é uma posição de competência, caracterizada quer pelo poder de realizar atos jurídicos que tenham um dado objeto, quer pela aptidão para lhes sentir os efeitos em virtude de uma relação em que a parte está, ou se coloca, com o objeto do ato".[18]

Forma válida – A partir do critério aceito pelo Código Civil, há negócios formais que, para serem válidos, devem observar a forma nele estabelecida ou definida por vontade das partes (CC, art. 109) e há negócios informais ou de forma livre. Alguns dos negócios formais estão descritos no art. 108 do CC. Podemos enumerar, ainda, a criação de uma fundação, o casamento e o testamento. Decorrem da lei; trata-se de forma legal.

A forma pode ser, ainda, convencional; o Código Civil admitiu-a, embora por ela não possam ser afastadas normas legais que exigem o atendimento de requisitos formais para certos atos, pois são normas imperativas. De acordo com a lição de Carlos Alberto da Mota Pinto, "o reconhecimento da forma convencional significa, apenas, poderem as partes exigir determinados requisitos para um ato, pertencente a um tipo negocial que a lei regula como não-formal ou sujeito a formalismo menos solene".[19]

Conseqüências da inobservância da forma – A inobservância da forma legal é sancionada pelo Código Civil com a nulidade da declaração negocial (CC, art. 166, IV e V). Apenas a invocação da boa-fé da parte ou a demonstração do manifesto abuso de direito da parte que requer a nulidade serviriam para afastar a sanção imposta pelo vício de

---

18. Emilio Betti, *apud* Sílvio de Salvo Venosa, *Direito Civil – Teoria Geral*, cit., 2ª ed., vol. 1, p. 390.
19. Carlos Alberto da Mota Pinto, *Teoria Geral do Direito Civil*, cit., p. 432.

forma. É a opinião de Carlos Alberto da Mota Pinto em sua obra: "Tal consideração não exige, porém, que as regras da forma devam ser consideradas um *jus strictum*, indefectivelmente aplicado, sem qualquer subordinação a um princípio supremo do Direito, verdadeira exigência fundamental do 'jurídico', como é o do art. 334 (abuso do direito). O intérprete, desde que lealmente aceite como boa e valiosa para o comum dos casos a norma que prescreve a nulidade dos negócios feridos de vício de forma, está legitimado para, nos casos excepcionalíssimos do art. 334º, afastar a sua aplicação, tratando a hipótese como se o acto estivesse formalizado".[20]

A inobservância da forma convencional será resolvida com fundamento naquilo que as partes pactuaram. Se nada foi estipulado a respeito, cabe verificar se a forma especial foi convencionada antes da conclusão do negócio, caso em que ela será considerada essencial, de caráter constitutivo, de modo que sua inobservância acarretará a ineficácia do ato. Se a forma especial foi convencionada simultaneamente com a conclusão do negócio, e nada há em sentido contrário, é possível presumir que o acordo foi formado e o vínculo entre as partes surgiu, de modo que a inobservância da forma não acarretará a ineficácia do ato.

Conteúdo lícito – O objeto do negócio jurídico, na sua dupla acepção, deve preencher os seguintes requisitos: ser lícito, possível, determinado ou determinável (CC, art. 104, II).

Objeto lícito é o que não é proibido por norma jurídica. O bem objeto do negócio jurídico deve ser lícito, permitido, bem como o conteúdo do negócio jurídico, as cláusulas resultantes do acordo devem ser lícitas; elas não podem ser abusivas, nem contrariar as normas de ordem pública. O objeto deve ser *possível*, física e juridicamente. Apenas a impossibilidade absoluta, isto é, a que atinge indistintamente a todos, é causa de nulidade do negócio; a impossibilidade relativa (física ou jurídica), isto é, que diga respeito apenas à pessoa do declarante, não resulta na invalidade do negócio jurídico.

Por *objeto ilícito* entende-se aquele que desrespeita uma disposição legal ou objetiva fraudar a lei. Daí falar-se em "negócio *contra legem*" e "negócio em fraude à lei". O primeiro ofende frontalmente a lei, colidindo com expressa disposição, enquanto o segundo procura con-

---

20. Idem, p. 439.

tornar a proibição legal, tentando chegar ao mesmo resultado por caminho diverso daquele que a lei expressamente previu e proibiu.[21]

O objeto do negócio jurídico não deve contrariar nem a ordem pública, nem os bons costumes. Carlos Alberto da Mota Pinto entende por "ordem pública" o "conjunto dos princípios fundamentais, subjacentes aos sistemas jurídicos, que o Estado e a sociedade estão substancialmente interessados em que prevaleçam e que têm uma acuidade tão forte que devem prevalecer sobre as convenções privadas".[22] Para Sílvio de Salvo Venosa, "normas de ordem pública" são "aquelas disposições que dizem respeito à própria estrutura do Estado, seus elementos essenciais".[23]

"Bons costumes", por sua vez, são as regras éticas aceitas pelas pessoas honestas, corretas e de boa-fé num dado ambiente e num certo momento.[24] Para Vicente Ráo, "bons costumes" são o modo constante e comum de se proceder de acordo com os ditames da moral social, segundo cada povo a concebe.[25] Nota-se que a declaração de acordo com os bons costumes não significa agir de acordo com uma moral individual, própria, mas, sim, agir em conformidade com uma moral socialmente aceita pela coletividade.

O objeto (bem) deve ser determinado ou determinável. Será *determinado* quando o negócio descrevê-lo de modo certo e minudente. Será *determinável* quando as partes postergarem para o futuro, a partir de critérios previamente estabelecidos, a descrição e singularização do objeto. Trata-se, como visto, de exigência relativa ao objeto mediato do negócio jurídico. São nulos os negócios jurídicos que tenham objeto mediato indeterminado.

A causa – O tema da causa é polêmico. A polêmica começa com sua definição e prolonga-se com a possibilidade, ou não, de considerá-la um elemento de validade do negócio jurídico. "Causa", para alguns, chamados *subjetivistas*, é a representação psicológica feita pelas

21. Idem, p. 551.
22. Idem, ibidem.
23. Sílvio de Salvo Venosa, *Direito Civil – Teoria Geral*, cit., 2ª ed., vol. 1, p. 394.
24. Carlos Alberto da Mota Pinto, *Teoria Geral do Direito Civil*, cit., p. 551.
25. Vicente Ráo, *Ato Jurídico*, p. 134. Este renomado autor enumera, entre outros, como atos atentatórios dos bons costumes: os que têm por objeto a exploração de jogos proibidos, ou o tráfico de influências, ou a corrupção eleitoral. Alguns atos enumerados pelo autor já não ferem mais a moralidade pública, como os que convencionam qualquer modo de comércio sexual fora do casamento, como o concubinato.

partes ao concluir o negócio, ou fim próximo, O móvel pelo qual as partes realizaram o negócio. Para outros, chamados *objetivistas*, causa é o elemento distintivo do negócio jurídico, a finalidade intrínseca do negócio. Na compra e venda, por exemplo, a causa seria a própria prestação do negócio: a entrega da coisa e o pagamento do preço.

O Código Civil – tanto o de 1916 como o novo – preferiu afastar-se do tema tormentoso da causa, e não tratou dela, exceto no caso em que considera a falsa causa como apta a viciar o negócio jurídico. Nesse caso, o art. 90 do CC de 1916, repetido pelo CC de 2002, art. 140, vislumbra "causa" como sinônimo de "motivo determinante" do ato. Desta forma, se a parte escolheu determinado motivo como o determinante do ato, a inexistência dele poderá resultar em caso de anulação do mesmo.

2.3.3 *Plano da eficácia*

A eficácia refere-se à produção de efeitos próprios e típicos do negócio jurídico. *Negócio jurídico eficaz* é o que produz os efeitos jurídicos próprios. A eficácia depende da realização de fatores que são extrínsecos ao negócio, pois dele não participam. Citamos como exemplos destes fatores o evento referido na cláusula que incorporou uma condição suspensiva ao negócio jurídico; o representante sem poderes ou que excede os limites do mandato: o ato é ineficaz em relação ao mandante; a cessão de crédito não comunicada ao devedor ou não celebrada por instrumento público ou particular levada ao Registro em relação a terceiros.

Os fatores de eficácia podem ser classificados. Nós temos os *fatores de atribuição de eficácia em geral*, sem a presença dos quais o ato não produz efeito algum, como o negócio celebrado sob condição suspensiva. Temos os *fatores de atribuição de eficácia diretamente visada*, como os fatores indispensáveis para que um negócio, que já é de algum modo eficaz entre as partes, venha a produzir exatamente os efeitos por ele visados, como a outorga de poderes ao mandatário. Temos, ainda, os *fatores de atribuição de eficácia mais extensa*, que são os fatores necessários para que um negócio eficaz aumente seu campo de atuação, tornando-se oponível até mesmo *erga omnes*, como o caso da necessidade de a cessão de crédito ter que ser notificada ao devedor para que produza efeitos em relação a ele.

Capítulo 6
REPRESENTAÇÃO

1. Representação: 1.1 Pressupostos da representação: 1.1.1 Pressupostos de existência: 1.1.1.1 "Contemplatio domini" – 1.1.1.2 A declaração de uma vontade própria do representante – 1.1.2 Pressupostos de eficácia da representação – 1.2 Espécies de representantes: 1.2.1 Representação voluntária – 1.2.2 Representação legal – 1.3 Distinção entre representação (agir em nome de) e mandato (agir por conta de) – 1.4 Confronto com institutos afins: 1.4.1 Representante e núncio – 1.4.2 Representação própria e representação imprópria –1.4.3 Autocontratação. Contrato consigo mesmo. 1.5 Ineficácia.

1. Representação

O Código Civil de 2002, na Parte Geral, reservou um capítulo para os preceitos gerais sobre a representação legal e a voluntária. A representação importa a substituição de uma vontade por outra na conclusão do negócio jurídico, de tal modo que os efeitos se manifestam imediatamente em proveito não de quem realizou ao negócio, mas em proveito daquele em cujo nome e interesse o ato foi praticado. "Representar", em resumo, é praticar ato jurídico em nome de outrem, imputando na esfera jurídica desse outrem os respectivos efeitos,[1] conforme determina o art. 116 do CC.

---

1. Carlos Alberto da Mota Pinto, *Teoria Geral do Direito Civil*, cit., p. 535. Afirma Nelson Nery Jr. e Rosa Maria de Andrade Nery (*Novo Código Civil e Legislação Extravagante Anotados*, p. 64) que "a marca significativa da representação é a circunstância de na celebração do negócio jurídico o representante agir em nome e por conta de outrem, o representado, em cujo patrimônio são projetados os efeitos do negócio celebrado pelo representante".

Na lição de Carlos Roberto Gonçalves: "Representação tem o significado, pois, de atuação jurídica em nome de outrem. Constitui verdadeira legitimação para agir por conta de outrem, que nasce da lei ou do contrato".[2]

Nós temos, assim, a perfeita separação entre causa e efeitos que decorrem do negócio jurídico. Os efeitos – isto é, os direitos e deveres – que decorrem do negócio referem-se à pessoa do representado; a causa – isto é, a declaração de vontade – decorre da pessoa do representante. Para que ocorra a representação é essencial que o representante pratique o ato em nome do representado. Distingue-se, assim, a representação de outras figuras jurídicas como a comissão e a assistência.

1.1 Pressupostos da representação

1.1.1 Pressupostos de existência

1.1.1.1 "Contemplatio domini" – A representação pressupõe a realização do negócio em nome do representado, para que a contraparte saiba ou possa saber com quem negocia, conforme determina o art. 118 do CC: "O representante é obrigado a provar às pessoas, com quem tratar em nome do representando, a sua qualidade e a extensão de seus poderes, sob pena de, não o fazendo, responder pelos atos que a estes excederem".

1.1.1.2 A declaração de uma vontade própria do representante – A representação pressupõe um mínimo de vontade do representante, e não a ocorrência tão-só da vontade do representado. Esse pressuposto serve para distinguir o representante do núncio.

1.1.2 Pressupostos de eficácia da representação

O ato deve estar integrado nos limites dos poderes que competem ao representante. Deve existir legitimação representativa originária – isto é, existente ao tempo do negócio representativo – ou legitimação

---

2. Carlos Roberto Gonçalves, *Direito Civil Brasileiro – Parte Geral*, vol. I, p. 321.

representativa subseqüente – isto é, conferida posteriormente através de uma ratificação do negócio.

1.2 Espécies de representantes

Há três espécies de representante: legal, convencional, ou voluntária, e judicial. A *representação legal* é a que decorre da lei, a exemplo dos pais que são os representantes dos filhos menores, *ex vi* do que dispõem os arts. 1.634, V, e 1.690 do CC. A *representação convencional* é a que decorre do acordo de vontades. O representante convencional é o que recebe poderes de representação (CC, art. 653). A *representação judicial* é a que decorre de decisão judicial. O representante judicial é o nomeado pelo juiz para exercer poderes de representação (inventariante dativo, síndico dativo).

1.2.1 Representação voluntária

Os poderes de representação podem ser atribuídos por ato voluntário denominado *procuração*. Os poderes de representação e a extensão deles, na representação voluntária, decorrem da vontade do representado, manifestada por procuração, que pode ser geral (abrange todos os atos patrimoniais), mas só permite a prática de atos de administração ordinária, ou especial, que abrange apenas os atos nela referidos e necessários à sua execução.

De acordo com Carlos Roberto Gonçalves, a representação convencional estrutura-se no campo da autonomia privada mediante a outorga de procuração (CC, art. 653, segunda parte), pela qual uma pessoa investe outra no poder de agir em seu nome.[3]

A representação convencional ou voluntária permite o auxílio de uma pessoa na defesa ou administração de interesses alheios e caracteriza-se pelo propósito de cooperação jurídica.

Os poderes podem resultar dos estatutos de uma pessoa coletiva (representação orgânica ou estatutária).

---

3. Idem, p. 323.

1.2.2 Representação legal

Os poderes podem, verificadas certas situações, ser concedidos por lei a certas pessoas, chamadas *representantes legais* (representação legal), como pais, tutores, curadores. Os poderes conferidos normalmente são amplos e legitimam o representante a representar o menor ou o interdito em todos os seus assuntos pessoais patrimoniais.

A representação legal é verdadeiro múnus, porque o representante realiza atividade obrigatória, autêntico dever, em decorrência do fato de estar investido também na função de cuidar dos interesses das pessoas incapazes. É atividade cujo exercício, de regra, é indelegável. Denomina-se *representação ativa* o emitir em nome de outrem declarações negociais; e *representação passiva* recepcionar em nome de outrem declarações negociais.

1.3 Distinção entre representação (agir em nome de) e mandato (agir por conta de)

Parte da doutrina adepta da fusão das idéias de "mandato" e "representação" entende que o que caracteriza o mandato é a noção de representação, que, portanto, se apresentaria como elemento essencial à sua configuração (Clóvis Beviláqua, Caio Mário, Sílvio Rodrigues, Washington de Barros Monteiro). Orlando Gomes sustenta ponto de vista diverso, pois para ele, adepto da separação das idéias de "mandato" e "representação", não há coincidência entre as noções, elas são figuras autônomas.

O mandato é um contrato pelo qual uma das partes se obriga a praticar um ou mais atos jurídicos por conta da outra, enquanto representar é praticar ato jurídico em nome de outrem, imputando-lhe os efeitos jurídicos. Pode haver mandato sem representação: quando o mandatário não recebeu poderes para agir em nome do mandante; age por conta do mandante, mas em nome próprio. Pode haver representação sem mandato no caso de representação legal ou representação voluntária resultante de ato unilateral, como a procuração, que pode existir autonomamente (negócio unilateral) ou coexistir com um contrato (normalmente, um mandato). "A teoria da separação consagra o entendimento que o poder de representação nasce não do mandato, mas de um negócio jurídico unilateral autônomo e abstrato a que a doutrina tem dado o nome de 'procuração'. Quando o mandatário é procurador, o vínculo entre ele e o mandante é o lado interno da relação mais extensa em que participam, enquanto o lado externo se ostenta na qualidade de procurador, em razão da qual trata com terceiros. Nesta hipótese, o mandato é a relação subjacente à procuração. Comungam desse entendimento Pontes de Miranda, José Paulo Cavalcanti, Fábio Maria de Mattia, Mairan Gonçalves Maia Júnior, Renan Lotufo e outros."

Aduz Carlos Roberto Gonçalves que "o novo Código Civil não adotou a teoria da separação e disciplinou unitariamente na Parte Especial o contrato de mandato e a representação voluntária. No entanto, age contraditoriamente ou de forma dúbia quando no art. 663 do CC trata de hipótese em que o mandatário age em seu próprio nome, mas no interesse do mandante".[4]

1.4 Confronto com institutos afins

1.4.1 Representante e núncio

O *representante* nunca recebe, nem mesmo quando a procuração é especialíssima, um mandato absolutamente especificado e imperativo. Ele decide, pelo menos, o "se" do negócio (o momento) e, freqüentemente, o conteúdo. O representante emite uma declaração em nome de outrem. Ele consuma o negócio. O *núncio*, por sua vez, apenas transmite a declaração de outrem, correspondendo a um mero instrumento, o braço mais comprido de outrem (*longa manus*). O núncio transmite o já consumado. Há uma diversidade de tratamento jurídico. O negócio feito pelo representante com excesso de poder ou violação de poderes é ineficaz em relação ao representado, enquanto o negócio transmitido incorretamente pelo núncio vincula o dono do negócio, exceto se demonstrado o erro na transmissão da declaração.

1.4.2 Representação própria e representação imprópria

Na *representação imprópria* não temos a atuação em nome de outrem (a *contemplatio domini*). O representante atua no interesse ou por

4. Idem, p. 327.

conta de outrem, mas o representado não se torna parte ou sujeito do ato jurídico praticado pelo representante. Cuida-se de uma mera representação de interesses, como a comissão e o mandato sem representação.

1.4.3 Autocontratação. Contrato consigo mesmo

Uma única pessoa atua como representante de duas pessoas, ou seja, uma única pessoa atua como representante de uma das partes e como parte contratante. Estas são as duas hipóteses que justificam a figura do *autocontrato* ou *contrato consigo mesmo*, que, na verdade, não configura autocontrato ou contrato consigo mesmo, mas reunião de pólos distintos de interesses na mesma pessoa natural ou jurídica.

1.5 Ineficácia

Dispõe o art. 116 do CC: "A manifestação de vontade pelo representante, nos limites de seus poderes, produz efeitos em relação ao representado". O representante deve agir na conformidade dos poderes recebidos. Se os ultrapassar, haverá excesso de poder, podendo por tal fato ser responsabilizado (CC, art. 118). São ineficazes em relação à pessoa em nome do qual foi celebrado o negócio ou os atos praticados por um representante sem poderes (*falsus procurator*) ou com excesso dos poderes que lhe foram atribuídos, exceto se houver ratificação (CC, arts. 116 e 662).

O negócio ineficaz relativamente ao representado não é tratado como um negócio do representante. Não havendo ratificação e comprovada a culpa do representante sem poderes, ele responde perante a contraparte, com fundamento em responsabilidade pré-negocial ou na existência de uma promessa tácita de garantia, pelo interesse contratual negativo ou interesse da confiança.[5] Não havendo ratificação, comprovado o dolo do representante sem poderes – isto é, se ele conhecia a falta de legitimidade representativa –, a contraparte pode optar pela indenização ou pelo descumprimento do contrato.[6]

---

5. Carlos Alberto da Mota Pinto, *Teoria Geral do Direito* Civil, 3ª ed., p. 545.
6. Idem, ibidem.

Capítulo 7
ELEMENTOS ACIDENTAIS DOS NEGÓCIOS JURÍDICOS

1. Condição, termo e encargo. 2 Condição: 2.1 A aposição da condição – 2.2 Classificação das condições: 2.2.1 Condições permitidas e condições proibidas – 2.2.2 Condição casual, potestativa e mista – 2.2.3 Condição suspensiva e condição resolutiva – 2.2.4 Estágios ou fases. 3. Termo. 4. Encargo: 4.1 Conceito – 4.2 Características: 4.2.1 Extensão do encargo – 4.2.2 Pressupostos – 4.2.3 Diferenças entre encargo e condição – 4.2.4 Efeitos do encargo.

1. Condição, termo e encargo

O Código Civil, ao tratar dos chamados elementos acidentais dos negócios jurídicos, enumerou a *condição*, o *termo* e o *encargo* (CC, arts. 121-137). A expressão "elemento acidental" não significa "acessório", no sentido de haver cláusulas principais e cláusulas acessórias. "Acidental" significa que o negócio jurídico pode existir sem que haja condição, termo ou encargo.

2. Condição

Carvalho Santos chama-nos a atenção para a diversidade das acepções em que a lei emprega a palavra "condição". Cita Coviello: "A palavra 'condição' tem muitas significações na própria linguagem jurídica. É empregada para significar coisas diversas: as circunstâncias de fato que se devem verificar para a aplicação de uma lei; os requisitos de um negócio jurídico, e daí também a contraprestação em um contrato oneroso; as cláusulas ou os pactos que formam o conteúdo principal e necessário de um negócio. Em sentido estrito, a condição é clausula derivada exclusivamente da vontade dos declarantes, que subordina o início ou o término dos efeitos do negócio jurídico a acontecimento futuro e incerto (CC, art. 121). A condição não afeta a existência do negócio jurídico, mas sim a sua eficácia. O negócio jurídico existe, mas os seus efeitos ou são postergados para o futuro ou podem cessar com a realização da condição".[1]

São requisitos da condição na acepção técnica que:

a) a cláusula seja voluntária;

b) o acontecimento a que se subordina a eficácia ou a resolução do ato jurídico seja futuro e

c) incerto.

A cláusula deve ser voluntária, provir da vontade das partes, exclusivamente. Neste sentido o art. 121 do CC de 2002, que, como o Código Civil de 1916, art. 117, reproduz uma regra consagrada pela doutrina. Daí não ser considerada tecnicamente condição a circunstância de fato que deva ocorrer para a incidência de uma lei.

Há certas relações que, por sua própria natureza, estão subordinadas à realização de um fato determinado, de tal modo que, se o fato se não realizar, a relação não se forma, mas que não configuram condição – como o legado, que pressupõe que o legatário sobreviva ao testador, e como a eficácia das disposições insertas num pacto antenupcial, que pressupõe a celebração do casamento. Nestes casos não há condição. O acontecimento deve ser futuro. Por este requisito, não é condição a cláusula que subordine a eficácia do ato a um acontecimento já verificado, muito embora as partes o ignorem. O acontecimento deve ser incerto. Essa incerteza deve ser objetiva, isto é, uma incerteza aplicável a todos, não apenas ao declarante – o que pressupõe precisamente que o acontecimento não seja nem já realizado, nem contemporâneo.

2.1 A aposição da condição

Há certas situações jurídicas que não admitem a aposição de condição ou termo, entre elas os atos constitutivos do estado civil das pessoas ou relativos aos direitos puros de família ou das sucessões. Não admitem condições:

1. Apud Sílvio Rodrigues, *Direito Civil – Parte Geral*, vol. I.

a) o casamento;
b) o reconhecimento do filho natural;
c) a emancipação;
d) a tutela;
e) o regime matrimonial de bens;
f) a aceitação e o repúdio da herança.

2.2 Classificação das condições

2.2.1 Condições permitidas e condições proibidas

As condições devem ser possíveis, isto é, admitidas materialmente e juridicamente como realizáveis. Condição materialmente possível é aquela que pode ser executada materialmente. Ela é passível de ocorrer. O exemplo comum de condição materialmente impossível é o de tocar a lua com o dedo. Condição juridicamente possível é aquela que não é ilícita, isto é, contrária à norma jurídica, ou, ainda, imoral, violadora dos bons costumes ou de algum princípio jurídico. A distinção entre uma e outra espécie é sutil, mas existe.

Se eu condiciono a eficácia do negócio ao assassinato de alguém, estou estabelecendo uma condição ilícita, pois matar alguém é crime. Se eu condiciono a eficácia do negócio à prostituição da pessoa, estou estabelecendo uma condição imoral, porque contrária à moral e aos bons costumes, mas não tecnicamente ilícita, na medida em que prostituir-se não é crime, sancionando o Direito como crime apenas a conduta daquele que explora a prostituição. Se eu condiciono a eficácia do negócio jurídico à celebração de casamento com determinada pessoa, estou estabelecendo condição juridicamente impossível, por atentar contra a liberdade de manifestação da pessoa, mas não tecnicamente ilícita.

Nessa matéria a maior dificuldade reside em saber se a condição é, ou não, juridicamente impossível. A princípio, seriam proibidas as seguintes condições: a) a de habitar sempre em lugar determinado ou de submeter a escolha de seu domicílio à vontade de um terceiro; b) a de mudar ou não mudar de religião; c) a de casar com pessoa determinada ou por consentimento e aprovação de terceiro, ou em certo lugar ou em certo tempo; d) a de celibato perpétuo ou temporário ou a de não casar com pessoa determinada, ou em certo lugar ou em certo tempo; e) a de permanecer no estado de viuvez, ainda mesmo que seja imposta à viúva que tenha filhos do seu primeiro casamento e que os filhos sejam menores (a chamada cláusula de viduidade).

Regime jurídico – O Código Civil adotou regime jurídico diverso segundo se trate de impossibilidade *física* ou *jurídica* da condição (CC, arts. 123 e 124) e previu, de acordo com o caso, a inexistência da condição ou a invalidade do negócio. Se considerada inexistente a condição, o negócio jurídico é reputado puro e incondicional. Ele existe sem a condição. Se considerada inválida a condição, o negócio jurídico como um todo é considerado inválido, pois o condicionar a eficácia do negócio jurídico a uma circunstância juridicamente impossível contamina o negócio, que não poderá subsistir. A condição fisicamente impossível é inexistente quando resolutiva ou de não fazer coisa impossível (CC, art. 124). A condição fisicamente impossível é inválida quando suspensiva (CC, art. 123, I). A condição juridicamente impossível é inválida quando (a) suspensiva ou (b) ilícita ou de fazer coisa ilícita (CC, art. 123, I e II). A condição juridicamente impossível na modalidade imoral é inexistente quando resolutiva (CC, art. 124).

O Código Civil não diferencia entre atos entre vivos (*inter vivos*) ou em razão da morte (*causa mortis*), dando a entender que ambos seriam inválidos por condição juridicamente impossível. Certos autores – entre eles Orlando Gomes e Sílvio Rodrigues – aceitam a distinção que remonta ao Direito Romano no sentido de que "nos atos de última vontade as condições ilícitas ou impossíveis são nulas, mas a disposição continua válida (regra sabiana), a menos que seja o motivo único que levou o testador a dispor".

2.2.2 *Condição casual, potestativa e mista*

Condição casual é aquela que depende de um acontecimento alheio (estranho) à vontade das partes, submetida ao caso fortuito ou ao acaso. Nela se compreende o acontecimento que depende da vontade exclusiva de um terceiro.

Condição potestativa é aquela subordinada à vontade de uma das partes. Se depender exclusivamente da vontade de uma das partes é denominada *puramente potestativa* e proibida pelo Código Civil (art. 122). Se além da vontade da parte concorrer alguma circunstância que escape ao seu controle, a condição é simplesmente potestativa (exemplo: se eu vender minha casa) e admitida pelo ordenamento jurídico.

Diz-se *condição mista* aquela que depende da vontade de uma das partes e, igualmente, da vontade de um terceiro determinado. Exemplo: "Dar-te-ei determinada importância se constituíres sociedade com dada pessoa".

2.2.3 Condição suspensiva e condição resolutiva

Na *condição suspensiva* a aquisição do direito ou a produção de efeitos jurídicos ficam submetidas à ocorrência de um fato futuro e incerto (CC, art. 125). Enquanto não ocorrer o fato futuro e incerto há tão-somente uma expectativa de direito.

A condição suspensiva cria a dúvida sobre se o efeito jurídico será ou não produzido, pois da realização dela depende a produção do efeito jurídico querido. Quando ocorre o implemento da condição, o direito passa de eventual a adquirido, obtendo eficácia o ato, como se desde o princípio fosse puro e simples, e não eventual. Trata-se do chamado *efeito retroativo das condições*. Ainda antes de se verificar a condição, se morre o credor condicional, transmitem-se aos seus herdeiros os direitos subordinados à condição suspensiva; assim também por ato entre vivos é possível a transferência.

Na *condição resolutiva*, enquanto esta se não realizar vigora o ato jurídico, e o direito por ele estabelecido pode ser exercido desde o momento (CC, art. 127). Mas, verificada a condição, extingue-se o direito a que ela se opõe, para todos os efeitos (CC, art. 128). A condição resolutiva ou resolutória é aquela da qual depende o término (cessação) do efeito jurídico. A realização da condição resolve o negócio. A dúvida é se a resolução opera efeitos para o futuro (*ex nunc*) ou se retroage à data da celebração do negócio (*ex tunc*).

A verdadeira condição resolutória é a que produz efeitos retroativos, pois no primeiro caso – efeitos não-retroativos – nós temos um prazo final incerto: os efeitos são queridos, mas com uma limitação temporal. A força retroativa deve resultar da lei, do conteúdo do negócio ou da natureza de alguns contratos, como a compra e venda, que pressupõe, verificada a condição resolutória, a resolução retroativa do contrato. O CC, art. 128, acolheu a força retroativa da condição resolutória. Se o contrato for de larga duração ou de direitos reais e nada tiver sido estipulado, aplica-se o princípio da irretroatividade da condição resolutória, desde que a manutenção dos efeitos seja compatível com a condição e conforme aos ditames da boa-fé (CC, art. 128).

O determinar se uma condição é suspensiva ou resolutória depende de interpretação. Se a solução for duvidosa, opta-se por considerar suspensiva a condição, pois na condição resolutória o negócio tem eficácia provisória durante o estado de pendência, e semelhante eficácia provisória depende de se avistar uma intenção nesse sentido.

Os autores enumeram algumas regras de interpretação das condições. Se a condição tem por finalidade a vantagem de um terceiro, considera-se cumprida a condição quando o terceiro nega a indispensável cooperação. Da mesma forma, se o cumprimento da condição é impedido por um atuar contrário à boa-fé pela parte a quem a condição era desvantajosa, devemos considerá-la cumprida (CC, art. 129).

2.2.4 *Estágios ou fases*

As condições estão sujeitas aos seguintes estágios:

a) o estado de pendência, que vai desde a celebração do ato até a realização, ou não, do evento jurídico e incerto (condição pendente) É um período de indeterminação, que admite a prática de atos destinados a conservar o direito condicionado (CC, art. 130);

b) depois há um período de definição, de determinação: houve o implemento da condição (*conditio existit*) ou sua frustração, falha (ela não se verificou e não mais se verificará) (*conditio non existit*).

3. *Termo*

Termo é o acontecimento futuro e certo. Fala-se em *termo inicial* ou *termo final*. É o dia em que começa, tem início, ou o dia em que se extingue, tem fim, a eficácia de um ato ou negócio jurídico. É certa modalidade que tem por efeito suspender seja a execução, seja a extinção da obrigação até, um momento determinado ou o advento de um fato jurídico e de realização certa. O *termo inicial* (*dies a quo*) suspende o exercício de um direito (CC, art. 131); e o *termo final* (*dies ad quem*) é o que extingue o exercício de um direito. As partes, como regra, gozam de liberdade para inserir termos nos negócios jurídicos, mas há negócios – chamados *imprazáveis* – que não o admitem e coincidem, em regra, com os negócios incondicionáveis.

O termo pode ser *certo*, quando indica com antecedência o momento exato em que se verificará; e *incerto*, quando esse momento é desconhecido – *v.g.*, morte de alguém.

O termo pode ser *essencial*, quando a prestação deve ser cumprida até a data estipulada pelas partes ou até um certo momento, sendo que, ultrapassado esse termo, o descumprimento equivale à impossibilidade da prestação; e o termo pode ser *não-essencial*, quando, mesmo ultrapassado o prazo estipulado, a prestação não se torna inútil para o credor, e configura apenas uma situação de mora do devedor.

Prazo, por sua vez, é o período de tempo decorrido entre os termos inicial e final ou entre a celebração do negócio e o termo inicial, cuja contagem foi disciplinada no art. 132 do CC. O prazo pode ser instituído em benefício do devedor, do credor ou de ambos. Instituído um prazo, as partes, como regra, devem observá-lo.

4. Encargo

4.1 Conceito

O *encargo*, também denominado *modo*, é cláusula pela qual se impõe uma restrição ao beneficiário de uma liberalidade. Para Sílvio de Salvo Venosa o encargo apresenta-se como uma restrição a uma liberalidade que, estabelecendo uma finalidade ao objeto do negócio, quer impor uma obrigação ao favorecido, em benefício do instituidor, do terceiro ou da coletividade.[2] Define-o Carlos Roberto Gonçalves: "Encargo ou modo é uma determinação que, imposta pelo autor de liberalidade, a esta adere, restringindo-a. Trata-se de cláusula acessória às liberalidades (doações e testamentos), pela qual se impõe uma obrigação ao beneficiário".[3]

O encargo é cláusula aposta a qualquer ato de índole gratuita, tais como: doações, testamentos, cessões gratuitas, promessa de recompen-

---

2. Sílvio de Salvo Venosa, *Direito Civil – Teoria Geral*, 2ª ed., vol. 1, p. 391.
3. Carlos Roberto Gonçalves, *Direito Civil Brasileiro – Parte Geral*, cit., vol. I, p. 352.

sa, renúncia e declarações unilaterais de vontade. Estes atos implicam a concessão de benefícios. Exemplos de encargos: a) prestar assistência aos necessitados; b) edificar um hospital; c) construir um monumento; d) rezar missas; e) depositar flores no túmulo. O encargo procura dar relevância ou eficácia jurídica a motivos ou interesses particulares do autor da liberalidade, e pode assumir a configuração de uma obrigação de dar, de fazer ou de não fazer. Renan Lotufo esclarece-nos que "o fato de serem estipulados no mais das vezes em negócios caracterizados pela liberalidade, e muitos pela gratuidade, não impede que se estabeleçam encargos nos negócios onerosos, como na compra e venda; mas é mais raro de se estipular em tais negócios".[4] Contra este entendimento manifesta-se Carlos Roberto Gonçalves, para quem a cláusula acessória de encargo "não pode ser aposta em negócio a título oneroso, pois equivaleria a uma contraprestação".[5]

4.2 Características

A característica marcante do encargo é sua *obrigatoriedade* (CC, art. 553). Admite-se que o cumprimento do encargo possa ser exigido judicialmente por meio da ação cominatória.

4.2.1 Extensão do encargo

O encargo não deve representar uma contraprestação pelo benefício recebido. Contudo, não há limites à extensão do encargo, de modo que determinados encargos deixam intacto o benefício (*v.g.*, o encargo de colocar o nome do instituidor em uma via pública), enquanto outros o esgotam parcial ou inteiramente (*v.g.*, erigir um túmulo que tome toda a quantia deixada). A inexistência de limites impede o beneficiário de pedir a redução do encargo.

4.2.2 Pressupostos

O encargo deve ser *lícito* e *possível*. A ilicitude ou a impossibilidade do encargo implicam considerá-lo não-escrito, de modo a prevalecer

---

4. Renan Lotufo, *Curso Avançado de Direito Civil – Parte Geral*, vol. 1, p. 253.
5. Carlos Roberto Gonçalves, *Direito Civil Brasileiro – Parte Geral*, cit., vol. I, p. 352.

a liberalidade como se fosse pura e simples (CC, art. 137); a não ser que o encargo tenha sido o motivo determinante da liberalidade (CC, art. 137), caso em que o negócio jurídico será invalidado. De acordo com Carlos Roberto Gonçalves, "se fisicamente impossível ou ilícito, tem-se como inexistente. Se o seu objeto constituir-se em razão determinante da liberalidade, o defeito contaminará o próprio negócio, que será declarado nulo.

Assim, por exemplo, se a doação de um imóvel é feita para que o donatário nele mantenha casa de prostituição (atividade ilícita), sendo esse o motivo determinante ou a finalidade específica da liberalidade, será invalidado todo o negócio jurídico".[6]

4.2.3 Diferenças entre encargo e condição

O *encargo* não se confunde com a *condição*. O *encargo* é coercitivo, isto é, pode ser exigido; enquanto a *condição*, não. Ninguém pode ser obrigado a cumprir uma condição. O encargo não suspende nem a aquisição nem o exercício do direito, salvo quando equiparado à condição suspensiva (CC, art. 136). A condição suspensiva suspende a aquisição e o exercício do direito.

4.2.4 Efeitos do encargo

O encargo visa a onerar a liberalidade ou o negócio. O encargo é coercitivo, o que indica a possibilidade de ele ser exigido coativamente, quando descumprido.

Segundo a doutrina, o instituidor do encargo e seus herdeiros podem escolher entre duas ações: a) resolver a liberalidade ou o negócio por descumprimento do encargo, que caracteriza a mora (CC, art. 562); b) executar o encargo, isto é, exigir seu cumprimento judicial (CC, art. 553). Esta orientação decorre dos textos legais que tratam da doação. A dúvida é se tal orientação pode ser aplicada às demais situações, entre elas o legado. A princípio, sim (CC, art. 1.938).

Com relação às pessoas legitimadas para requerer judicialmente o cumprimento do encargo imposto por disposição de última vontade,

---

6. Idem, p. 354.

comungamos da opinião de que, se o encargo foi instituído em favor da coletividade, poderão exigir o cumprimento dele, judicialmente, o Ministério Público ou os terceiros interessados, conforme dispõe o parágrafo único do art. 553: o Ministério Público poderá exigir a execução do encargo instituído a benefício do interesse geral.

Agora, a revogação da liberalidade pelo descumprimento do encargo só poderá ser pedida pelo instituidor, cabendo a seus herdeiros apenas prosseguir na ação por ele intentada, caso venha a falecer depois do ajuizamento (CC, art. 562): 'O terceiro beneficiário pode exigir o cumprimento do encargo, mas não está legitimado a propor ação revocatória. Esta é privativa do instituidor, podendo os herdeiros apenas prosseguir na ação por ele intentada, caso venha a falecer depois do ajuizamento.

Capítulo 8
DEFEITOS DO NEGÓCIO JURÍDICO

1. Erro ou ignorância: 1.1 Espécies de erros – 1.2 Erro substancial e erro acidental – 1.3 Pressupostos do erro: 1.3.1 Escusabilidade – 1.3.2 Essencialidade ou substancialidade: 1.3.2.1 Erro substancial e vício redibitório – 1.3.3 Percepção do erro por pessoa de diligência normal – 1.4 O erro real – 1.5 O erro em virtude de falsa causa – 1.6 Erro acidental ou irrelevante – 1.7 Convalidação do negócio jurídico cometido com erro – 1.8 Conseqüências da invalidação por erro. 2. Dolo: 2.1 Conceito – 2.2 Espécies de dolo: 2.2.1 Dolo essencial – 2.2.2 Dolo acidental – 2.2.3 Dolo tolerável – 2.2.4 Dolo intolerável – 2.2.5 Dolo positivo – 2.2.6 Dolo negativo – 2.2.7 Dolo próprio – 2.2.8 Dolo do representante – 2.2.9 Dolo de terceiro – 2.2.10 Dolo recíproco. 3. Coação: 3.1 Conceito – 3.2 Requisitos da coação – 3.3 Temor reverencial – 3.4 Coação por parte de terceiros. 4. Estado de perigo ou de necessidade: 4.1 Conceito – 4.2 Requisitos – 4.3 Efeitos – 4.4 Diferenças entre o estado de perigo ou de necessidade e a coação e a lesão. 5. Lesão: 5.1 Conceito – 5.2 Requisitos – 5.3 Espécies de lesão – 5.4 Âmbito de aplicação – 5.5 Efeitos. 6. Fraude contra credores: 6.1 Conceito – 6.2 Atos que podem configurar a fraude contra credores – 6.3 Conseqüências – 6.4 Efeitos. 7. Simulação: 7.1 Conceito – 7.2 Pressupostos – 7.3 Finalidade – 7.4 Modos de realização da simulação – 7.5 Classificação: 7.5.1 Simulação absoluta – 7.5.2 Simulação relativa – 7.5.3 Simulação fraudulenta – 7.5.4 Simulação inocente – 7.5.5 Simulação por interposição de pessoa ou "ad personam" – 7.6 Regime jurídico – 7.7 Terceiros de boa-fé. 8. Reserva mental: 8.1 Conceito – 8.2 Efeitos da reserva mental – 8.3 Diferenças entre a reserva mental, dolo e simulação.

Um dos requisitos de validade do negócio jurídico é a emissão de uma declaração isenta de vícios. A rigor, como regra, a validade do negócio jurídico depende de uma exata correspondência entre aquilo que é querido ou desejado pela parte – resultado, portanto, de uma manifestação de liberdade e vontade, a partir de uma reflexão – e aquilo que é declarado ou externado. A maioria dos vícios do consentimento (erro, dolo, coação, estado de perigo e lesão) caracteriza-se, justamente, por esta desconformidade entre o querido e o manifestado.

Ao lado dos chamados *vícios do consentimento* há os denominados *vícios sociais*; nestes não se vislumbra uma desconformidade entre o querido e o manifestado, mas uma desconformidade entre o declarado e a lei, ou entre o declarado e o princípio da boa-fé, como o que ocorre na simulação e na fraude contra credores.

Os vícios de consentimento e os vícios sociais configuram o que chamamos de *defeitos do negócio jurídico*.

1. Erro ou ignorância

O Código Civil equiparou os efeitos do erro à ignorância. *Erro* é a idéia falsa da realidade, enquanto a *ignorância* é o completo desconhecimento da realidade.[1] Embora tenha equiparado a ignorância ao erro, dela, na verdade, não tratou.

1.1 Espécies de erros

Há pelo menos duas categorias de erros: o erro-obstáculo e o erro-vício. O *erro-obstáculo* incide sobre a expressão da vontade. O erro-obstáculo ou erro na declaração é um erro na formulação da vontade: quero vender e declaro alugar; compro por 100 e escrevo 200. O *erro-vício* recai sobre o conteúdo da vontade. É um erro na formação da vontade. O erro-obstáculo, para alguns, seria nulo, por ausência de vontade; e o erro-vício seria anulável, por vontade viciada.

O Código Civil brasileiro considera o erro-obstáculo e o erro-vício como capazes de anular o negócio jurídico, embora trate a disciplina como erro-vício. O erro-vício é a representação inexata ou o desconhecimento de circunstância de fato ou de direito determinante na decisão de realizar o negócio, de modo que, se o declarante tivesse o exato conhecimento da realidade, não teria realizado o negócio nos termos em que o realizou.

---

1. Carlos Roberto Gonçalves, *Direito Civil Brasileiro – Parte Geral*, vol. I, p. 356.

1.2 Erro substancial e erro acidental

O erro, para invalidar um negócio jurídico, deve ser substancial ou essencial. *Erro substancial ou essencial* é o que recai sobre circunstâncias e aspectos relevantes do negócio. É aquele de tal importância que, sem ele, o ato não se realizaria. Se o agente conhecesse a verdade, não manifestaria vontade de concluir o negócio jurídico. *Acidental*, por sua vez, é o erro que incide sobre circunstâncias de menor importância, que recaem sobre qualidades secundárias do objeto ou da pessoa, e mesmo conhecidas não impediriam a realização do negócio.

1.3 Pressupostos do erro

O erro, para anular o negócio jurídico, deve ser:
a) *escusável*;
b) *essencial ou substancial*;
c) *percebido por pessoa de diligência normal*.

1.3.1 Escusabilidade

O *erro desculpável ou escusável* é o que não decorre de culpa do declarante e se ampara em razão plausível. Coviello dá-nos os seguintes exemplos: Se uma pessoa subscreve uma carta redigida e escrita por outra, sem lhe ler o conteúdo, não poderá invocar a falta de correspondência entre aquilo que queria e o que na carta se acha escrito; se o mensageiro escolhido para comunicar uma declaração de vontade for uma pessoa inepta – um desmemoriado –, de quem se não poderia esperar uma reprodução fiel do pensamento transmitido.

A desculpabilidade do erro não é um requisito aceito por todos os doutrinadores. Admite-o Maria Helena Diniz quando afirma em sua obra que "o erro para viciar a vontade e tornar anulável o negócio jurídico deve ser substancial (CC, art. 138), escusável e real, no sentido de que há de ter por fundamento uma razão plausível, ou ser de tal monta que qualquer pessoa inteligente e de atenção ordinária seja capaz de cometê-lo".[2] Nega-o Carlos Alberto da Mota Pinto quando em sua obra

---

2. Maria Helena Diniz, *Curso de Direito Civil Brasileiro – Teoria Geral do Direito Civil*, vol. 1, p. 383.

afirma que "não se formula, na subseção relativa à falta e aos vícios da vontade, qualquer exigência da desculpabilidade ou escusabilidade do erro, pelo quê se deve reputar consagrada a solução segundo a qual tal requisito é dispensável, que é, aliás, a melhor *de jure condendo*".[3] A origem dessa discussão no Direito Brasileiro parece localizar-se nos comentários ao Código Civil feito por Clóvis Beviláqua, que, com base no Direito Romano, exige o requisito da escusabilidade, muito embora o Código Civil de 1916 não o contemplasse: "Não basta, porém, que o erro seja substancial nos termos dos arts. 87 e 88. Deve ser também escusável, isto é, deve ter por fundamento uma razão plausível ou ser tal que uma pessoa de inteligência comum e atenção ordinária o possa cometer. Como escreveu Paulo, 'ignorantia emptori prodest, quoe non in supinum hominem cadit' (D. 18, 1, fr. 15, § 1º)".

1.3.2 Essencialidade ou substancialidade

O *erro essencial* é o equívoco que recai sobre circunstâncias relevantes e importantes do negócio jurídico. O *erro substancial*, em síntese, é o que recai sobre a natureza do negócio, o objeto principal da declaração, ou sobre algumas qualidades essenciais a ele. É também o que recai sobre identidade ou qualidade essencial da pessoa ou, ainda, o que, mesmo sendo de direito, "for o motivo único ou principal do negócio jurídico" (CC, art. 139). O erro essencial é aquele que levou o errante a concluir o negócio, em si mesmo. O erro foi causa da celebração do negócio, e não apenas dos seus termos.

O erro é essencial se constatado que sem ele a parte não celebraria o negócio; se recair sobre a *natureza do ato jurídico* (*error in ipso negotio*). O agente emite uma declaração absolutamente equivocada. Supõe realizar um negócio, e realiza outro. Exemplo: alguém diz comprar, em vez de vender; crendo que lhe ofereceram em locação, responde afirmativamente, quando a oferta era de venda. Trata-se, nesse caso, de um erro-obstáculo, já que, se o erro incide sobre a natureza do negócio jurídico, as relações respectivas não chegam a se constituir, por falta de consentimento – embora, como dito, o Código Civil unifique o tratamento em torno do erro-obstáculo e do erro-vício. É erro sobre a cate-

---

3. Carlos Alberto da Mota Pinto, *Teoria Geral do Direito Civil*, p. 511.

goria jurídica. Ocorre divergência quanto à espécie de negócio manifestada. Nesse tipo de erro existe divergência com relação à espécie de negócio que cada um manifestou. Há discrepância entre o significado objetivo do ato e o significado que lhe atribuiu, subjetivamente, o manifestante: o consenso sobre o conteúdo do negócio é aparente, porque se funda em erro. Não há erro sobre a natureza do ato quando as partes estão de acordo quanto à prestação e quanto às modalidades e se enganam sobre o nome jurídico a dar ao contrato que querem estipular.

O erro é também considerado essencial se recair sobre o *objeto principal da declaração* (*error in corpore*). Trata-se de uma hipótese de erro-obstáculo, que exclui o consentimento, impede a formação do negócio jurídico. A relação jurídica tem por objeto uma coisa determinada individualmente, que, entretanto, é trocada por outra. Esse tipo de erro ocorre quando:

a) houver sido contratada coisa distinta da querida (o erro sobre a identidade). Há um desacordo essencial entre a designação física da coisa, como consta do ato de declaração, e a determinação exata, como se encontra na real vontade do declarante. Exemplos: intenção de doar o prédio "B", e no contrato foi especificado o prédio "D";

b) houver contratação de objeto de espécie diversa da que tinha em mente o declarante (erro sobre a espécie); o objeto não pertence à espécie considerada;

c) houver divergência sobre a quantidade, extensão ou soma (erro de quantidade). Se o declarante atribui maior importância à quantidade, o erro de quantidade pode determinar a anulabilidade do ato; nas prestações de quantidade, o critério principal de designação é o número;

d) houver erro sobre o fato a ser prestado (erro sobre o fato). Exemplo: como se "A" pretendesse contratar os serviços de "B" como professor de Matemática, e este aceitasse a oferta pensando que iria ensinar Música.

O erro também é essencial se recair sobre *algumas qualidades essenciais do objeto* (*error in substantia* ou *error in qualitate*). O erro incide sobre o conteúdo do negócio jurídico (erro-vício); o erro incide sobre qualidades essenciais ou substanciais do objeto do ato jurídico (*error in substantia* ou *error in qualitate*). Esse tipo de erro acontece quando a parte supõe que o objeto tem determinada qualidade que depois inexiste. O erro não recai sobre a identidade do objeto, mas sobre qualidades reputadas essenciais, que influíram em sua deliberação de realizar o negócio.

Três teorias procuram estabelecer critérios determinadores da qualidade essencial ou substancial do objeto do ato jurídico: a teoria objetiva; a teoria subjetiva; a teoria eclética.

A *teoria objetiva* considera essenciais as qualidades do objeto de acordo com a natureza ou espécie a que pertence. O erro incidente sobre a origem, a antigüidade ou outras qualidades mais ou menos importantes da coisa não vicia o contrato, a não ser que as partes tenham contratado por terem em vista semelhante qualidade, indicada ou determinada.

A *teoria subjetiva* considera essenciais as qualidades que a parte teve principalmente em vista ao dar seu consentimento, a qualidade sem a qual não teria feito sua declaração de vontade. Exemplo: a compra um quadro supondo-o de Rafael, verificando-se em seguida que se trata de uma cópia com assinatura falsa. Há erro sobre a qualidade substancial da coisa; o maior valor do quadro lhe é atribuído pelo nome do pintor.

A *teoria eclética* considera essenciais as qualidades substanciais que formam a própria natureza da coisa, como a matéria (ouro, prata, bronze), e também as qualidades que têm importância apenas para a pessoa, expressamente queridas ou quando resultem do concurso de circunstâncias particulares, de tal sorte que a outra parte tenha tido conhecimento dessa vontade ou, pelo menos, possibilidade de conhecê-la.

O Código Civil teria optado pela teoria subjetiva. Merece consideração o desejo das partes, expresso ou manifestado de modo iniludível. Qualquer qualidade ou atributo que o declarante tenha elevado à condição de motivo determinante do ato jurídico deve ser reputado essencial (CC, art. 140).

O erro também é essencial quando *recai sobre qualidades essenciais da pessoa* (art. 139, II) (*error in persona*). Nas relações patrimoniais o erro essencial sobre a pessoa assume grande importância quando o negócio tenha por objeto prestação infungível, que pressupõe a existência de qualidades especiais em determinada pessoa, como a doação feita a pessoa que o doador pensa, equivocadamente, ter-lhe salvo a vida. Nos negócios que têm por objeto uma prestação de fazer fungível ou de dar coisa certa, salvo estipulação em contrário, o erro essencial sobre a pessoa não induz a anulação do ato. O erro sobre qualidades essenciais da pessoa pode ocorrer tanto em relação ao destinatário da manifestação de vontade como em relação ao beneficiário. O erro quanto à identidade somente é considerado essencial se não for possível apurar a pessoa ou a coisa indicada na manifestação de vontade, conforme dispõe o art. 142 do CC; caso contrário o erro será acidental ou sanável.

O *erro de direito* (*error juris*), quando causa ou motivo único ou principal da declaração de vontade, também foi reconhecido como erro substancial (CC, art. 139, III). Ele consiste na ignorância de uma norma de Direito ou na falsa interpretação ou na inexata aplicação que se lhe dê. O erro de direito é em tudo e por tudo equiparado ao erro de fato, tornando anulável qualquer negócio jurídico, mas somente quando tenha sido causa ou motivo único ou principal da declaração de vontade e sem que haja o propósito de descumprir a lei. Exemplo: Pedro institui João seu herdeiro universal e não tem herdeiros legítimos necessários; João, supondo que sua qualidade de herdeiro universal não exclui o concurso dos herdeiros de sangue, admite-os na partilha. O ato é anulável, porque teve por causa única o erro de direito. Outro exemplo: pessoa que contrata importação de determinada mercadoria ignorando existir lei que proíbe tal importação; como a ignorância foi a causa determinante do ato, pode ser alegada para anular o contrato, sem com isso se pretender que a lei seja descumprida. O erro de direito não pode, no entanto, suspender a eficácia legal, para livrar-se das conseqüências de sua inobservância (CC, art. 139).

1.3.2.1 Erro substancial e vício redibitório – O vício redibitório é erro objetivo sobre a coisa, que contém um defeito oculto. Seu fundamento é a obrigação legal, nos contratos comutativos, de garantir ao adquirente o uso da coisa. O erro quanto às qualidades essenciais do objeto é subjetivo, porquanto reside na manifestação da vontade e dá ensejo ao ajuizamento de ação anulatória. Exemplo: se alguém adquire um relógio que funciona perfeitamente mas não é de ouro, como supunha, cuida-se de erro quanto à qualidade essencial do objeto. Se, no entanto, o relógio é de ouro mas não funciona, em razão de defeito de uma peça interna, a hipótese é de vício redibitório.

1.3.3 Percepção do erro por pessoa de diligência normal

O erro escusável é o erro justificável, desculpável, o oposto do erro grosseiro ou inescusável. O art. 138 exigiu fosse o erro escusável a partir de um padrão abstrato, do homem médio, para aferição da escusabilidade.

O erro, para alguns, para anular o negócio, deve ser percebido como tal por *pessoa de diligência normal*. O Código Civil de 2002 teria deixado de lado a teoria da vontade e acolhido a teoria da confiança, que exige do destinatário da declaração a percepção do erro do emitente. Por esta teoria, a prerrogativa de o emitente anular a declaração de vontade estaria condicionada à circunstância de o destinatário da declaração ter ciência do erro (CC, art. 138).

O Código Civil teria, para alguns, acolhido o princípio da responsabilidade do Código Civil italiano, que subordina a invalidação do negócio pelo erro não só à sua relevância, mas ao fato de ser reconhecível pela outra parte. Moreira Alves, por outro lado, contesta essa posição, e afirma que o Código não adotou o critério da cognoscibilidade do erro pela outra parte. De fato, ao estabelecer o citado dispositivo que os negócios jurídicos são anuláveis "quando as declarações de vontade emanarem de erro substancial que poderia ser percebido por pessoa de diligência normal, em face das circunstâncias do negócio", essa pessoa é a parte que erra. Explicitou-se, portanto, a necessidade de que o erro seja escusável, adotando-se um padrão abstrato – *o vir medius* – para a aferição da escusabilidade.[4]

1.4 O erro real

O erro, para invalidar o negócio jurídico, deve ser efetivo, causador de prejuízo concreto para o interessado. Não basta ser substancial e escusável.

1.5 O erro em virtude de falsa causa

A *causa do negócio jurídico* pode ser definida como o motivo da realização do negócio. O Código Civil não arrolou a causa como ele-

---

4. José Carlos Moreira Alves, *A Parte Geral do Projeto de Código Civil Brasileiro: Subsídios Históricos para o Novo Código Civil Brasileiro*, p. 110.

mento do negócio. A existência do negócio dispensa a descrição da causa. O art. 140 do CC de 2002, a exemplo do que ocorria com o art. 90 do CC de 1916, admite a anulação do negócio jurídico por *erro em virtude de falsa causa* quando esta é expressa como razão determinante ou sob a forma de condição.

Exige o Código, no caso, a enunciação expressa do motivo da prática do negócio, não o viciando quando a causa, embora falsa, não foi mencionada ou o foi, tão-somente, implicitamente. É necessário que o declarante estabeleça expressamente, faça conhecer à outra parte, que só consente em constituir a relação jurídica por determinada causa; ou, então, que só prevalecerá sua declaração de vontade se se verificar o acontecimento a que ela se refere. Desta forma, se compro um cavalo por me haverem falsamente informado que o meu havia morrido, e ao tratar com o vendedor comuniquei-lhe a desagradável notícia que me transmitiram, posso, após adquirir o novo cavalo e descobrir que o meu não havia morrido, anular a compra, sob o fundamento de ter incorrido em erro em virtude de falsa causa.

1.6 Erro acidental ou irrelevante

O *erro acidental* é a compreensão equivocada que a parte tem relativamente às qualidades secundárias ou acessórias da pessoa ou do objeto, e que não produz o efeito de invalidar o negócio jurídico, por ser irrelevante ou sanável. O erro acidental pode levar à plena realização do negócio, por ser irrelevante, facilmente identificável ou ser facilmente retificado, como no caso do erro de indicação da pessoa ou da coisa ou do erro de cálculo, previstos nos arts. 142 e 143 do CC.

1.7 Convalidação do negócio jurídico cometido com erro

O Código Civil de 2002 permite a convalidação do negócio jurídico praticado em erro desde que a parte destinatária da declaração comprometa-se a executá-lo de acordo com a real vontade do manifestante (CC, art. 144). A oferta afasta o prejuízo de quem se enganou, o que retira dele o interesse em anular o negócio. Cuida-se de aplicação do princípio da conservação dos negócios jurídicos.

1.8 Conseqüências da invalidação por erro

O declaratário que teve o negócio anulado por erro do declarante tem o direito de ser indenizado pelos interesses negativos em razão de ter confiado naquela vontade viciada de contratar.

2. Dolo

2.1 Conceito

O Código Civil não define o *dolo*. Apenas o prevê como causa de anulação do ato jurídico (CC, art. 145). A doutrina define o dolo como o ardil, o engano, o artifício ou o silêncio empregado por alguém com o firme propósito de induzir o outro à prática do negócio jurídico em erro.

Integram o conceito de dolo os seguintes elementos: artifício ou expediente astucioso ou, ainda, a dissimulação ou o silêncio; a indução ou a manutenção em erro; e o prejuízo. Como visto, o agente induz a parte a praticar o negócio jurídico mantendo-a em erro. A indução é obtida mediante o recurso a artifícios fraudulentos, que devem ser graves e determinantes da declaração de vontade da parte induzida em erro. A gravidade do ardil deve ser apurada concretamente, levando em consideração as características da vítima, como idade, saúde e escolaridade.

Muitas vezes o artifício empregado consiste em calar-se, em silenciar – o que corresponde a uma espécie de dolo, o chamado *dolo omissivo*. O prejuízo, para alguns, é requisito secundário. Basta para anular o negócio jurídico o desvio da vontade da outra parte. Assim, o ato pode ser anulável mesmo que resulte em vantagem para a parte inocente.

De acordo com a lição de Carlos Alberto da Mota Pinto, "o fundamento da anulabilidade por dolo não consiste numa idéia de reparação do prejuízo sofrido pelo enganado, mas na adulteração da vontade do *deceptus* (enganado), tal como sucede com o erro simples".[5] Maria Helena Diniz cita as lições de Carvalho Santos e Larenz, que não concordam com a referência ao prejuízo como elemento conceitual do dolo, sendo suficiente para sua configuração que haja um artifício que induz

---

5. Carlos Alberto da Mota Pinto, *Teoria Geral...*, cit., p. 524.

alguém a efetuar um negócio jurídico que de outra maneira não seria realizado.[6]

O dolo deve levar ao erro da parte, que deve recair sobre elemento importante e essencial à realização do negócio jurídico, caracterizando, com isso, o denominado *dolo essencial*. De acordo com a lição de Clóvis Beviláqua, "somente o dolo principal, o que for causa do ato, o que os romanos chamavam *dolus causam dans* ('dolo como causa de dano'), é que torna o ato anulável".[7] Este posicionamento foi acolhido pelo Código Civil, que não reconhece ao dolo acidental, aquele que não incide sobre a razão principal da realização do negócio, a capacidade de anular o negócio jurídico (CC, art. 146).

2.2 Espécies de dolo

2.2.1 Dolo essencial

O dolo pode ser *essencial*. Este, como visto, recai sobre elemento essencial do negócio jurídico, de modo que sem ele a vítima não realizaria o negócio jurídico O dolo essencial – e apenas este – constitui causa de anulabilidade do negócio jurídico (CC, arts. 145 e 146).

2.2.2 Dolo acidental

Em contrapartida, o dolo pode ser *acidental*. Este não recai sobre elemento essencial do negócio jurídico; ele não constitui o motivo principal de realização do negócio, de modo que não influi na sua formação. O art. 146 do CC o define: é acidental quando, a seu despeito, o negócio seria realizado, embora por outro modo. O dolo acidental resulta em maior ônus para a vítima na realização do negócio, de forma que o Código Civil a autoriza a pedir perdas e danos (CC, art. 146). Exemplo: o avalista avaliza documento cambial para seu irmão por julgar, segundo informações recebidas do avalizado, que a quantia se destinava a ampliar determinado negócio, quando, na verdade, se destinava a cobrir certo valor indevidamente apropriado (*RT* 469/131).

---

6. Maria Helena Diniz, *Curso de Direito Civil Brasileiro – Teoria Geral do Direito Civil*, cit., vol. 1, p. 389.
7. Clóvis Beviláqua, *Código Civil dos Estados Unidos do Brasil Comentado*, vol. I, p. 341.

2.2.3 Dolo tolerável

O dolo pode ser *tolerável*. É o chamado *dolus bonus* dos romanos. Define-o a doutrina como o dolo tolerado, a gabança, o elogio, quando circunstâncias típicas e costumeiras do negócio. De acordo com Caio Mário da Silva Pereira, o dolo inocente ou *dolus bonus* "consiste em blandícias, no apregoamento publicitário de qualidades, na utilização de artifícios menos graves que uma parte adote para levar a outra a contratar, ou para obter melhores proveitos dos ajustes".[8] É forma de dolo esperado pelo declaratário, e, desse modo, irrelevante para o Direito. Só o *dolus malus* serviria para embasar a anulabilidade do negócio. O fundamento de tal posicionamento reside na circunstância de que quem crê nesse tipo de dolo incorre em culpa por ser negligente.

Há, como visto, uma equiparação entre o dolo tolerável e o erro inescusável, indescupável. Ambos não autorizam a invalidação do negócio jurídico. Essa a lição de Sílvio de Salvo Venosa:

"Há dolo menos intenso, tolerado, que os romanos denominavam *dolus bonus*, opondo-o ao dolo mais grave, o *dolus malus*. O dolo bom é, por exemplo, a atitude do comerciante que elogia exageradamente sua mercadoria, em detrimento dos concorrentes. É dolo tolerado, a gabança, o elogio, quando circunstâncias típicas e costumeiras do negócio. É forma de dolo já esperada pelo declaratário.

"Quem incorre nessa forma inocente de dolo o faz por culpa própria, por não ter a diligência média, os cuidados do 'bom pai de família'. Em síntese, nessa situação não há dolo a ser considerado. O procedimento do dolo é irrelevante para o campo do Direito. O eventual erro em que incorre a outra parte, no caso, é inescusável. O princípio é o mesmo do erro, incapaz de anular o ato jurídico, se inescusável."[9]

Nas relações de consumo não prevalece à distinção entre dolo bom e dolo mau, pois pelo princípio da vinculação da oferta o conteúdo desta é integralmente vinculativo para o ofertante.

---

8. Caio Mário da Silva Pereira, *Instituições de Direito Civil*, 19ª ed., vol. I, p. 332.

9. Sílvio de Salvo Venosa, *Direito Civil – Teoria Geral*, vol. 1, "Dolus bonus e dolus malus".

2.2.4 Dolo intolerável

O dolo mau ou *dolus malus* é o dolo *intolerável*. É aquele incidente sobre a causa determinante do negócio jurídico; resulta na sua invalidação.

2.2.5 Dolo positivo

O dolo pode ser *positivo*, que é aquele que se traduz por atos fraudulentos.

2.2.6 Dolo negativo

O dolo pode ser *negativo*, que é aquele realizado por omissões, reticências, silêncio. A doutrina exige, para que ele se configure: a intenção de levar o outro contratante a se desviar de sua real vontade, de induzi-lo a erro; o silêncio sobre circunstância desconhecida pela outra parte; a relação de essencialidade entre a omissão dolosa intencional e a declaração de vontade; ser a omissão do próprio contraente, e não de terceiro.[10] É a regra do art. 47 do CC, que pode ser compreendida como pura manifestação e aplicação do princípio da boa-fé. Exemplo: vendedor de um pomar de laranjas que oculta estarem os frutos atacados de uma praga denominada leprose (*RT* 168/165).

Sílvio de Salvo Venosa traz à colação o seguinte julgado sobre dolo omissivo: "O silêncio intencional de um dos contraentes sobre a circunstância de se achar insolúvel, e, portanto, em situação de absoluta impossibilidade de cumprir a obrigação de pagar o preço, vicia o consentimento de outro contratante, que não teria realizado o negócio se tivesse ciência do fato, configurando omissão dolosa, que torna o contrato passível de anulação (*RT* 545/198)".[11]

2.2.7 Dolo próprio

O dolo pode ser *próprio*, isto é, praticado por uma das partes do negócio.

---

10. Maria Helena Diniz, *Curso de Direito Civil Brasileiro – Teoria Geral...*, cit., vol. 1, p. 391.
11. Sílvio de Salvo Venosa, *Direito Civil – Teoria Geral*, 2ª ed., vol. 1, p. 392.

2.2.8 Dolo do representante

O dolo pode ser do *representante*, isto é, praticado por alguém que age em nome e por conta da parte, representando-a no negócio. A representação pode ser legal ou convencional. Em ambos os casos prevalecem as regras do dolo. Anula-se o ato se o dolo for essencial. Indeniza-se a outra parte se o dolo for acidental. A responsabilidade pela indenização será limitada, na hipótese de se tratar de representação legal, até o montante do proveito auferido pelo representado, e isto porque na representação imposta pela lei predomina o entendimento de que o representado não tem qualquer responsabilidade pela escolha do representante. A responsabilidade pela indenização será solidária e ilimitada na hipótese de se tratar de representação convencional, porque neste caso o representante foi escolhido pelo representado. É a regra do art. 149 do CC de 2002, que veio a corrigir solução legal considerada injusta ao tempo do art. 96 do CC de 1916, que não previa a responsabilidade integral e solidária no caso de representação convencional.

2.2.9 Dolo de terceiro

O dolo pode ser *de terceiro*. Neste caso a declaração, a opinião, o ardil realizados por um terceiro alheio ao negócio é que levam a parte a incorrer em erro.

O dolo de terceiro, para constituir causa de invalidação do negócio jurídico, exige que uma das partes tenha conhecimento dele ou devesse ter – a denominada *ciência real ou presumida* (CC, art. 147). O exame do caso é que demonstrará se a parte tinha ciência ou deveria ter ciência do dolo de terceiro. Tendo ciência ou devendo ter ciência, terá ocorrido dolo negativo (silêncio) da própria parte, pois, sabendo do dolo de terceiro ou devendo saber, permaneceu inerte.

O ato subsiste se nenhuma das partes tinha ou devia ter ciência do dolo. A parte prejudicada, não obstante a subsistência do ato, poderá demandar perdas e danos do terceiro autor do dolo (CC, art. 148). Esta regra, segundo Maria Helena Diniz, refere-se apenas aos negócios jurídicos bilaterais, pois nos unilaterais é invocável o dolo cometido seja por quem for, porque a validade desses negócios é afetada pelo dolo em qualquer circunstância.[12] Renan Lotufo aduz, no entanto, que essa divergência foi superada por posição em favor da incidência desse dispositivo mesmo nos negócios unilaterais, como as doações.[13] Idêntica solução pode ser aplicada ao caso em que duas ou mais pessoas figuram como partes no contrato e apenas uma delas comete dolo, sem ciência da outra. De acordo com a lição de Clóvis Beviláqua, "a parte contrária não pode anular o ato, em atenção à boa-fé das outras contratantes; mas terá contra o autor do dolo ação para se indenizar do prejuízo que tiver sofrido".[14] Carlos Alberto da Mota Pinto manifesta opinião contraria, pois, de acordo com ele, o negócio, na hipótese de o declaratário não conhecer o dolo de terceiro, só será anulável se ao terceiro adveio, por força do negócio, diretamente, algum direito (isto é, se existir no contrato cláusula a seu favor), e a anulação será limitada à cláusula a favor do terceiro (invalidade parcial).[15]

2.2.10 *Dolo recíproco*

O dolo pode ser *recíproco*, isto é, ambas as partes agem com dolo. Nesse caso, como não há boa-fé a proteger- a lei não intervém- e deixa de invalidar o ato ou permitir o reclamo de indenização (CC, art. 150). Os dolos recíprocos são compensados, e não se permite a nenhuma das partes alegá-los para invalidar o ato ou requerer indenização. Ninguém pode se beneficiar invocando a própria torpeza. Sílvio Rodrigues crê que não se trata de compensação de dolos, mas, sim, do desprezo do Judiciário pelo clamor daqueles que, baseados em sua própria torpeza, querem obter a proteção do ordenamento jurídico.[16]

3. *Coação*

3.1 *Conceito*

Coação é a pressão exercida sobre uma pessoa para obrigá-la a concordar com a prática do negócio jurídico. A concordância com a reali-

---

12. Maria Helena Diniz, *Curso de Direito Civil Brasileiro – Teoria Geral...*, cit., vol. 1, p. 427.
13. Renan Lotufo, *Código Civil Comentado – Parte Geral*, vol. 1, p. 407.
14. Clóvis Beviláqua, *Código Civil dos Estados Unidos do Brasil Comentado*, cit., vol. I, p. 344.
15. Carlos Alberto da Mota Pinto, *Teoria Geral...*, cit., p. 523.
16. Sílvio Rodrigues, *Dos Vícios do Consentimento*, p. 163.

zação do negócio jurídico é obtida mediante pressão vinda do outro contratante ou de terceiro. Define-a Clóvis Beviláqua como "um estado de espírito em que o agente, perdendo a energia moral e a espontaneidade do querer, realiza o ato que lhe é exigido".[17] Carlos Alberto da Mota Pinto define-a como a "perturbação da vontade, traduzida no medo resultante de ameaça ilícita de um dano (de um mal), cominada com o intuito de extorquir a declaração negocial".[18]

O conceito de "coação" do qual o Código Civil se ocupa trata da chamada "intimidação" ou *vis compulsiva*, e não da *coação física* ou *violência*, a denominada *vis absoluta*. Esta última – a *vis absoluta* –, quando empregada, retira do negócio qualquer vontade, de modo que o negócio pode ser reputado inexistente. A primeira, *a vis compulsiva*, não elimina a vontade; há a possibilidade de escolha entre ceder à coação e realizar o negócio ou não ceder a coação e não realizar o negócio, de modo que o negócio existe; apenas o vicia, de forma que o negócio pode ser anulado.

De acordo com Carlos Alberto da Mota Pinto, "só há vício da vontade quando a liberdade do coato não foi totalmente excluída, quando lhe foram deixadas as possibilidades de escolha, embora a submissão à ameaça fosse a única escolha normal. Assim, estaremos dentro do campo da coação moral (coação relativa ou compulsiva) mesmo no caso de ameaça com arma de fogo ou no caso de emprego de violência física, como começo de execução do mal cominado, para compelir o negócio. Só cairemos no âmbito da coação física (coação absoluta ou ablativa) quando a liberdade exterior do coacto é totalmente excluída e este é utilizado como puro autômato ou instrumento (por exemplo, seqüestro de alguém, cujo silêncio tem certo significado negocial, assinatura de um documento por a mão ser conduzida por outrem com força irresistível)".[19]

3.2 Requisitos da coação

O mal prometido deve ser *grave*. A ameaça feita deve provocar na vítima um temor capaz de dobrar-lhe a vontade; a ameaça de um dano

---

17. Clóvis Beviláqua, *Código Civil dos Estados Unidos do Brasil Comentado*, cit., vol. I, p. 347.
18. Carlos Alberto da Mota Pinto, *Teoria Geral*..., cit., p. 525.
19. Idem, p. 526.

sério ao corpo (*verberum terror*), à vida (*mortis terror*), à liberdade, à honra (*timor infamiae*), quer do indivíduo, quer de pessoa de sua família. Considera-se grave a ameaça de um dano patrimonial. A ameaça de dano ou mal grave deve ser dirigida à pessoa ou a membro da família. A ameaça a quem não é membro da família, para ser considerada coação, dependerá de decisão do magistrado, a ser tomada com base nas circunstâncias (CC, art. 151, parágrafo único).

A doutrina tem ampliado o sentido da lei, para admitir caracterizada a coação quando o mal prometido é endereçado ao próprio coator, como ocorre no caso em que o filho ameaça suicidar-se para forçar o pai a doar bens a ele. O critério para aferir a gravidade da coação é concreto, e não abstrato. Devem ser examinadas as circunstâncias relativas à pessoa da vítima para avaliar se a ameaça pode ser considerada, ou não, grave (CC, art. 152). Na precisa lição de Clóvis Beviláqua, a gravidade depende da organização moral do indivíduo, das circunstâncias de lugar e de momento.[20]

O mal prometido deve ser *fundado*, ou seja, capaz de impressionar a pessoa da vítima; *iminente*, isto é, atual e inevitável. O mal prometido consubstanciado na ameaça deve ser *injusto*. A injustiça da ameaça revela-se por ser ela contrária ao ordenamento jurídico. Não é considerada coação a promessa de exercício regular de um direito. De acordo com a lição de Carlos Alberto da Mota Pinto, "não haverá coação se há apenas a ameaça do uso dum direito para conseguir a satisfação ou garantia de um direito existente (por exemplo, ameaça de penhora do devedor, se ele não pagar ou não fizer uma dação em pagamento razoável, ou oferecer uma garantia ou subscrever um documento de dívida; reconhecimento de dívida (art. 458), correspondente ao valor da coisa apropriada, pelo autor de um furto ou de um abuso de confiança, sob a ameaça de procedimento criminal; etc.)".[21]

O exercício abusivo de um direito pode ser considerado coação. Nesse caso, o exercício abusivo de um direito passa a ser considerado coação, por se mostrar ilegítimo não o meio empregado, mas a busca de um fim com aquele meio – como, por exemplo, forçar um idoso a doar bens a seus sócios num negócio, que ameaçam retirar-se da sociedade.

20. Clóvis Beviláqua, *Código Civil dos Estados Unidos do Brasil Comentado*, cit., vol. I, p. 348.
21. Carlos Alberto da Mota Pinto, *Teoria Geral...*, cit., p. 529.

A ameaça, para caracterizar a coação, deve ser causa determinante da realização do negócio. Portanto, deve haver uma *relação de causalidade* entre a ameaça e a declaração (a denominada *essencialidade da coação*). Alguém que foi ameaçado mas consentiu na realização do negócio por livre e espontânea vontade não poderá invalidar o negócio. Anular ou não anular o negócio é uma questão de prova, cuja solução dependerá da ponderação de diversos fatores. Deve haver a *intenção de coagir*, isto é, o coator deve ter o ânimo, a intenção, de extrair o consentimento para o negócio.

O texto do Código Civil de 2002 eliminou o requisito – que já vinha sendo dispensado – de o dano prometido equivaler ao menos ao dano decorrente da prática do ato extorquido. Interpretado literalmente o que dispunha a última parte do art. 98 do CC de 1916, a vítima era obrigada a provar que o mal prometido era igual, pelo menos, ao que resultaria do cumprimento da ameaça. O Código Civil de 2002 fala apenas em "dano considerável", dispensado o requisito da igualdade ao ato extorquido.

3.3 Temor reverencial

O *temor reverencial*, isto é, o receio de desgostar o pai, a mãe ou outras pessoas ligadas por vínculo afetivo ou hierarquia, a quem se deve obediência e respeito, não configura coação. O CC, no art. 153, utiliza o termo "simples" – o que significa que acompanhado de outros fatos, circunstâncias ou expedientes o temor reverencial poderá configurar coação.

3.4 Coação por parte de terceiros

O negócio jurídico cometido com coação praticada por terceiro é inválido, desde que a parte beneficiada com o negócio tenha ciência da coação praticada ou dela devesse ter ciência – hipótese em que será responsável solidária por perdas e danos (CC, art. 154). Agora, se a coação for ignorada pela parte que dela obteve proveito, o negócio, em respeito à sua boa-fé, será reputado válido e eficaz, restando à parte coagida responsabilizar o coator por perdas e danos sofridos (CC, art. 155).

Não nos parece que esta foi a solução mais adequada. A sistemática anterior era melhor, por considerar, em qualquer hipótese, o negócio viciado, porque não foi livremente querido, mudando apenas os responsáveis pelas perdas e danos (CC de 1916, art. 101). É que a lei reprimia e desaprovava a coação em tão forte medida, a ponto de proteger o coato mesmo quando a outra parte nada soubesse ou devesse saber da coação.

4. Estado de perigo ou de necessidade

4.1 Conceito

O conceito de *estado de perigo ou de necessidade* está descrito no art. 156 do CC. Cuida-se de uma situação, natural ou provocada, conhecida pelo declaratário, que para o declarante, ou alguém da sua família, representa o risco de grave dano, de modo que ele, para evitar o dano ou cessá-lo, realiza um negócio jurídico extremamente oneroso. Assim, o estado de perigo ou de necessidade caracteriza-se pela possibilidade atual e iminente de a pessoa ou alguém da sua família vir a sofrer grave dano, conhecido pela outra parte, que será evitado somente com a realização de negócio excessivamente oneroso. Carlos Alberto da Mota Pinto define-o como "a situação de receio ou temor gerada por um grave perigo (que pode dizer respeito à lesão de bens patrimoniais ou outros de grande importância, como a vida, a saúde, a liberdade, o bom nome), causado por um fato natural ou humano, que determina o necessitado a celebrar um negócio para superar o perigo em que se encontra".[22] Para Maria Helena Diniz no estado de perigo há temor de grave dano moral ou material à pessoa que compele o declarante a concluir contrato, mediante prestação exorbitante.[23]

O estado de perigo aproxima-se do instituto da inexigibilidade de conduta diversa, de modo que o declarante, para evitar o mal maior, é premido a celebrar negócio jurídico que se revela, para ele, excessivamente oneroso. Pablo Stolze Galgliano e Rodolfo Pamplona Filho citam como exemplo de estado de perigo a declaração de prestar garantia

22. Idem, p. 531.
23. Maria Helena Diniz, *Curso de Direito Civil Brasileiro – Teoria Geral...*, cit., vol. 1, p. 401.

feita por uma pessoa para internar, em caráter de urgência, um parente em determinada unidade de terapia intensiva.[24] Carlos Roberto Gonçalves define-o como "a situação de extrema necessidade que conduz uma pessoa a celebrar negócio jurídico em que assume obrigação desproporcional e excessiva".[25] São exemplos clássicos de estado de perigo o daquele que, vítima de assalto, encontrando-se em lugar ermo, se dispõe a pagar alta cifra a quem livrá-lo da violência, ou o do doente que, premido pela doença, requer intervenção urgente e acede em pagar elevados honorários médicos.

O antecedente histórico do instituto do estado de perigo localiza-se nos costumes marítimos de estabelecer a comunhão de perigo entre todos os proprietários de mercadorias transportadas em navio, de modo a repartir os prejuízos das perdas das mercadorias atiradas ao mar para aliviar o peso da embarcação e salvar as mercadorias restantes, e de nulificar os negócios entabulados sob a influência do perigo de naufrágio ou outro sinistro.[26]

4.2 Requisitos

É um instituto que, para se configurar, requer a presença simultânea de diversos fatores.

O primeiro deles é o estado de necessidade ou de perigo de vida que deve afligir a pessoa ou alguém da sua família. Se o perigo de vida não atingir a pessoa que pertença à família do declarante, caberá ao magistrado decidir, de acordo com as circunstâncias, pela ocorrência, ou não, do estado de necessidade (CC, art. 156, parágrafo único). O perigo de dano deve ser atual, iminente ou parecer ser atual, comportando, portanto, o perigo putativo.

O segundo deles é que a outra parte que irá celebrar o negócio jurídico tenha prévio conhecimento do estado de perigo que o contratante ou alguém da sua família está a sofrer. Deve haver uma espécie de dolo de aproveitamento ou, ao menos, comportamento leviano da

---

24. Pablo Stolze Gagliano e Rodolfo Pamplona Filho, *Novo Curso de Direito Civil – Parte Geral*, vol. I, p. 379.
25. Carlos Roberto Gonçalves, *Direito Civil Brasileiro – Parte Geral*, cit., vol. I, p. 388.
26. *Código Civil Comentado – Parte Geral*, cit., vol. 1, p. 156.

parte que recebe prestação excessiva daquele que está em perigo. A parte aproveita-se da situação de perigo da outra, ou negligencia esse dado, e exige dela uma obrigação excessivamente onerosa. Há quem sustente, com razão, que a boa-fé subjetiva do receptor da declaração de vontade não impede que se reconheça a lesão no estabelecimento da obrigação.[27]

O terceiro deles é que o negócio jurídico a ser celebrado guarde relação de pertinência com a supressão ou eliminação do estado de perigo, isto é, que se mostre minimamente compatível e útil com a eliminação ou diminuição do perigo a que está submetida a pessoa ou alguém de sua família. O quarto requisito é que o necessitado tenha assumido obrigação excessivamente onerosa. A doutrina exige que ocorra em favor da parte que acudiu ao necessitado um benefício excessivo ou injustificado, o que, para alguns, seria a superação dos limites do justificável. Nesse sentido a lição de Carlos Alberto da Mota Pinto, para quem "só haverá benefícios excessivos ou injustificados quando, segundo todas as circunstâncias, a desproporção ultrapassar os limites do que pode ter alguma justificação".[28] Para Carlos Roberto Gonçalves "é mister que as condições sejam significativamente desproporcionais, capazes de provocar profundo desequilíbrio contratual. É importante frisar que somente se configura o defeito do negócio jurídico quando a obrigação assumida é excessivamente onerosa".[29]

4.3 Efeitos

O estado de perigo conduz à invalidação (*rectius*: anulabilidade) do negócio. Sílvio Rodrigues defende a idéia de que o magistrado deve, ao invalidar o negócio, fixar uma prestação a ser paga pelo autor da declaração anulada a seu co-contratante, que equivalha ao serviço efetivamente recebido. Se não o fizer, pode a parte prejudicada com a sentença anulatória pleitear, por meio de ação *in rem verso*, referido pagamento.[30]

---

27. Idem, p. 432.
28. Carlos Alberto da Mota Pinto, *Teoria Geral*..., cit., p. 533.
29. Carlos Roberto Gonçalves, *Direito Civil Brasileiro – Parte Geral*, cit., vol. I, p. 394.
30. Sílvio Rodrigues, *Direito Civil – Parte Geral*, vol. I, p. 223.

4.4 Diferenças entre o estado de perigo ou de necessidade e a coação e a lesão

O estado de perigo não se confunde com a *coação*, na medida em que não há o emprego de violência psicológica contra o declarante para que ele declare aceitar a obrigação excessivamente onerosa.

O estado de perigo não se confunde com a *lesão*, porque nesta o móvel da realização do negócio jurídico não é evitar um perigo, mas circunstâncias eminentemente econômicas.

5. Lesão

5.1 Conceito

A *lesão* pode ser conceituada como a desproporcionalidade entre prestações no negócio jurídico bilateral e comutativo. É o prejuízo visualizado por um contratante, em um contrato comutativo, quando não recebe da outra parte valor igual à prestação que prometeu. De acordo com Sílvio Rodrigues, "o conceito de lesão no Direito Romano decorria da Lei Segunda, de Diocleciano e Maximiliano, do ano 285, que permitia a rescisão do contrato quando houvesse num contrato comutativo desproporção entre as prestações, superior a 50%. Dizia a lei: 'Se tu ou teu pai venderam por menor preço coisa que valia muito mais: é eqüitativo que, mediante a interferência do juiz, ou recebas de volta os fundos vendidos, devolvendo ao comprador o preço; ou, se o comprador preferir, recebas a diferença entre o que recebeu e o justo preço. O preço será menor se não atingiu nem a metade do valor da coisa'".[31]

No Direito Moderno, novos elementos, desta feita de caráter subjetivo, passaram a integrar o instituto, entre eles o comportamento censurável de uma das partes, ao abusar da leviandade, da necessidade ou da inexperiência do outro contratante.[32]

Para Caio Mário da Silva Pereira o instituto da lesão no Direito Brasileiro, antes da edição do Código Civil de 2002, teve duas fases distintas. Na primeira delas, que ele chama de "fase filipina", e abrangeria todo o período das Ordenações do Reino, Afonsina, Manuelinas e

---

31. Idem, p. 236.
32. Idem, ibidem.

Filipinas, encontramos o conceito de "lesão enorme", importado do Direito Romano e consistente na faculdade de obstar ao desfazimento do contrato mediante complemento do justo preço e o distanciamento da lesão da teoria dos vícios do consentimento. A segunda fase, denominada de "codificada", repele o instituto da lesão efetivamente no Código Comercial de 1850, ainda que de modo parcial, e no Código Civil de 1916, de modo integral. Tal monumento legislativo, como asseverou Sílvio Rodrigues, vindo de um período de exaltação do princípio da autonomia privada fundava-se na idéia de que o contratual é necessariamente justo, por isso que desejado pelas partes. De sorte que a rescisão do negócio, ou o reequilíbrio dos termos convencionados, deferido pelo juiz em face da não-equivalência das prestações por ocasião do ajuste, ao ver do legislador, representava um atraso.[33]

Depois houve a edição da Lei de Proteção à Economia Popular, que trouxe uma regra que permitia a interpretação do retorno do instituto da lesão no ordenamento jurídico brasileiro – posição defendida por Caio Mário da Silva Pereira, mas combatida por Orlando Gomes para quem a usura real seria inconfundível e inassimilável com o instituto da lesão, pois a usura real estaria a exigir, para sua configuração, elemento subjetivo – o abuso da premente necessidade, da inexperiência ou da leviandade da contraparte – que inexiste no conceito de lesão.[34]

5.2 Requisitos

A redação da Lei 1.521, de 26.12.1951, e a redação do atual art. 157 do CC exigem para a configuração da lesão o concurso de requisitos objetivo e subjetivo. O *requisito objetivo* exigido é a desproporção de prestações surgida no momento da celebração do negócio; enquanto o *requisito subjetivo* é o fato de uma das partes, ao consentir, se achar premida pela necessidade ou pela inexperiência. O Código Civil não mediu a desproporção. Cabe ao magistrado, diante do caso concreto, averiguar essa desproporção. A necessidade não corresponde à miséria ou à insuficiência habitual de meios para prover a subsistência própria ou familiar. Não é a alternativa entre fome e o negócio. Corresponde à chamada "necessidade contratual".

---

33. Idem, pp. 232 e ss.
34. Orlando Gomes, *Transformações Gerais do Direito das Obrigações*, p. 30.

A necessidade configura-se na impossibilidade de evitar o contrato. Em síntese, a necessidade contratual não decorre da capacidade econômica ou financeira da vítima, mas da circunstância de não poder ela deixar de efetuar o negócio. A inexperiência pode ser geral, isto é, aquela que decorre do grau modesto de escolaridade da pessoa; ou pode ser específica, isto é, a que resulta da especificidade do contrato. A inexperiência é relativa àquele contrato, à natureza da transação ou em face da pessoa da outra parte.

5.3 Espécies de lesão

Temos a *lesão enorme*, aquela em que há excesso nas vantagens e desvantagens. Existe a *lesão usurária*, em que há aproveitamento da situação de necessidade, inexperiência e leviandade. E a *lesão especial*, quando há excesso nas vantagens e desvantagens causadas pela situação de necessidade ou inexperiência de uma das partes, sem indagação de má-fé ou de ilicitude.

5.4 Âmbito de aplicação

A lesão existe somente nos contratos comutativos, isto é, naqueles negócios jurídicos em que há prestações equivalentes – o que não ocorre nos contratos aleatórios, que envolvem riscos.

5.5 Efeitos

A lesão, uma vez verificada, resulta na possibilidade de a parte, dentro do prazo decadencial de quatro anos (CC, art. 178), pedir a anulação do negócio jurídico. A anulação poderá ser evitada se a outra parte suplementar a prestação ou reduzir o proveito, promovendo, com isso, o reequilíbrio das prestações.

6. Fraude contra credores

6.1 Conceito

A *fraude contra credores* é espécie do gênero vício social que revela uma coincidência entre intenção e declaração, mas contrária à lei ou à boa-fé. São declarações isentas de vícios da vontade, mas que desrespeitam a ordem jurídica. Há fraude contra credores quando o devedor insolvente ou na iminência de se tornar insolvente pratica atos suscetíveis de diminuir seu patrimônio, reduzindo a garantia que este representa para o cumprimento de suas dívidas. Pablo Stolze Gagliano e Rodolfo Pamplona Filho definem a *fraude contra credores* "como ato de alienação ou oneração de bens, assim como de remissão de dívida, praticado por devedor insolvente, ou à beira da insolvência, com o propósito de prejudicar credor preexistente, em virtude de diminuição experimentada pelo seu patrimônio".[35] Renan Lotufo define-a como "todo o ato prejudicial ao credor, praticado pelo devedor, que o torna insolvente ou em estado de insolvência".[36] A regra acima tem por fundamento o princípio de que o patrimônio do devedor responde por suas dívidas, de modo que o comportamento do devedor que se afasta desse princípio e aliena ou doa bens com o forte indício de praticar fraude acarreta a invalidação do ato de alienação.

No conceito de *fraude contra credores* temos o *elemento objetivo*, que consiste em todo ato ou negócio capaz de prejudicar o credor por tornar insolvente o devedor ou que tenha sido praticado em estado de insolvência do devedor, conhecido por (*eventus damni*) (*prejuízo causado ao credor*). E temos o *elemento subjetivo*, que consiste no intuito malicioso de ilidir a cobrança das dívidas (*consilium fraudis* ou *conluio fraudulento*). Esse é o posicionamento de Sílvio Rodrigues, para quem "dois elementos compõem o conceito de fraude contra credores. Um elemento objetivo, ou seja, o *eventus damni*, consistente em todo ato capaz de prejudicar o credor, quer por tornar insolvente o devedor, quer por já haver sido por ele praticado em estado de insolvência. E um elemento subjetivo, isto é, o *consilium fraudis*, caracterizado pela má-fé, pelo intuito malicioso de ilidir os efeitos da cobrança".[37] Pablo Stolze Gagliano e Rodolfo Pamplona Filho sustentam que o *consilium fraudis* (o conluio fraudulento) não se apresenta como elemento essencial da

---

35. Pablo Stolze Gagliano e Rodolfo Pamplona Filho, *Novo Curso de Direito Civil – Parte Geral*, cit., vol. I, p. 386.
36. Renan Lotufo, *Código Civil Comentado – Parte Geral*, cit., vol. 1, p. 445.
37. Sílvio Rodrigues, *Direito Civil – Parte Geral*, cit., vol. I, p. 230.

fraude contra credores, bastando para configurá-la o estado de insolvência e o prejuízo dos credores.[38]

6.2 Atos que podem configurar a fraude contra credores

Alguns atos podem configurar fraude contra credores. Enumera-os o Código Civil. *Os atos de transmissão gratuita de bens ou a remissão de dívidas, quando levem à insolvência ou quando praticados por insolvente.* Nesse caso, a lei presume o propósito de fraude, dispensando a parte de prová-lo (CC, art. 158). De acordo com a lição de Sílvio Rodrigues, "o ato seria anulável porque o devedor insolvente, ou prestes a tornar-se, ao realizar a doação estaria doando bem indiretamente pertencente a seus credores, e entre evitar um prejuízo (*qui certant de damno vitando*) dos credores e assegurar um lucro (*qui certat de lucro captando*) dos donatários optou o legislador, por lhe parecer mais justo, por evitar um prejuízo".[39] O autor da ação pauliana que tenha por causa de pedir a liberalidade do devedor deverá provar a insolvência do devedor. Sem esta prova a ação será julgada improcedente.

Os atos de transmissão onerosa de bens, quando levem à insolvência ou quando praticados por insolvente. Nesse caso, a lei exige a prova da má-fé entre as partes, o chamado *consilium fraudis*, que será caracterizado pela mera ciência da parte adquirente do estado de insolvência do devedor (CC, art. 159). Para Silvio Rodrigues a má-fé se caracteriza pelo mero conhecimento do adquirente do estado de insolvência; isso basta para revelar o propósito do terceiro de pactuar com a fraude. O art. 159 do CC presume a ciência do adquirente em relação à insolvência da parte quando esta for notória ou houver motivo para ser conhecida do primeiro. A insolvência será notória se revelada por atos exteriores, como o protesto de títulos, o ajuizamento de ações de cobrança ou executivas. A insolvência será revelada por atos exteriores, entre eles a alienação de todos os bens, a alienação por preço vil, a continuação dos bens na posse do devedor.[40] A parte adquirente poderá afastar a ocorrên-

---

38. Pablo Stolze Gagliano e Rodolfo Pamplona Filho, *Novo Curso de Direito Civil – Parte Geral*, cit., vol. I, p. 387.
39. Sílvio Rodrigues, *Direito Civil – Parte Geral*, cit., vol. I, p. 231.
40. Idem, pp. 232-233.

cia da fraude contra credores, se o negócio ainda não estiver ultimado, depositando o preço justo pela coisa alienada em juízo (CC, art. 160).

O pagamento antecipado de dívidas e a outorga fraudulenta de garantias previstas nos arts. 162 e 163 também são considerados atos praticados em fraude contra credores. A lei, nesses casos, presume o intuito fraudulento do negócio.

Outros atos não são considerados fraudulentos. O art. 164 do CC considera praticado com boa-fé – e, portanto, válidos – os negócios ordinários indispensáveis à manutenção de estabelecimento mercantil, rural ou industrial ou à subsistência do devedor e de sua família.

6.3 Conseqüências

Caracterizada a fraude contra credores, o negócio pode ser anulado mediante a propositura de ação pauliana pelos credores quirografários (CC, art. 158) contra o devedor insolvente e a pessoa que com ele celebrou o negócio considerado fraudulento ou terceiros adquirentes que hajam procedido de má-fé (CC, art. 161).

A propositura da ação pauliana pressupõe que o credor seja quirografário, isto é, que seu crédito não tenha garantias que lhe assegurem preferência no recebimento do crédito. No entanto, o § 1º do art. 158 do CC inovou com relação ao diploma anterior, ao permitir ao credor com garantia real que proponha ação pauliana se a garantia se tornou insuficiente, desde que o crédito seja anterior à época do ato fraudulento.

A fraude não pode ser alegada fora da ação pauliana. Nesse sentido a Súmula 195 do STJ, que não admite anulação por fraude contra credores em sede de embargos de terceiro.

6.4 Efeitos

O negócio fraudulento é considerado anulável. O bem reverterá para o acervo sobre que se tenha de efetuar o concurso de credores (CC, art. 165). Melhor seria ter considerado o negócio fraudulento não como inválido, mas como ineficaz perante os credores. Ele seria válido entre as partes, mas ineficaz perante os credores. Essa é a posição sustentada por Yussef Said Cahali, para quem "o efeito da sentença pauliana resulta do objetivo a que colima a ação: declaração de ineficácia jurídica do negócio fraudulento".[41]

7. Simulação

O Código Civil de 2002 retirou a simulação do capítulo que trata dos defeitos do negócio jurídico e a colocou no capítulo que trata da invalidade do negócio jurídico (CC, art. 167). Além disso, ao invés de considerá-la causa de anulação do negócio jurídico, considerou-a causa de nulidade do negócio jurídico (CC, art. 167).

7.1 Conceito

A simulação pode ser definida como um acordo de vontades destinado a produzir negócio jurídico aparente, simulado, que não corresponde à real intenção das partes. "Simular" é justamente fingir o que não é. Define-a Clóvis Beviláqua como a "declaração enganosa de vontade, visando a produzir efeito diverso do ostensivamente indicado".[42] Carlos Roberto Gonçalves define-a como "declaração falsa, enganosa da vontade, visando a aparentar negócio diverso do efetivamente desejado". A simulação, para o referido autor, significa "fingir", "enganar". Negócio simulado é o que tem aparência contrária à realidade.[43] Renan Lotufo ensina que o conceito supra, acolhido por Clóvis Beviláqua, está conforme com o que se obtém nas fontes do Direito, em que "simulado" era o oposto de "verdadeiro" e "simulação" a antítese da "verdade". E cita a lição de Francesco Ferrara (*La Simulación de los Negocios Jurídicos*, p. 42), para quem *negócio simulado* "é aquele que tem uma aparência contrária à realidade, ou porque não existe em absoluto, ou porque é distinto de como aparece". Daí que os requisitos da simulação são: uma declaração deliberadamente desconforme com a intenção; deliberação acordada pelas partes no negócio; com o intuito de enganar terceiros.[44] Cuida-se, em última análise, de vício social, e não vício da

---

41. Yussef Said Cahali, *Fraude contra Credores*, 2ª ed., p. 386.
42. Clóvis Beviláqua, *Código Civil dos Estados Unidos do Brasil Comentado*, cit., vol. I, p. 353.
43. Carlos Roberto Gonçalves, *Direito Civil Brasileiro – Parte Geral*, cit., vol. I, p. 436.
44. Renan Lotufo, *Código Civil Comentado – Parte Geral*, cit., vol. 1, p. 464.

vontade, pois não há desconformidade entre a vontade interna e a vontade declarada, e sim uma desconformidade consciente da declaração, combinada com a outra pessoa, com o objetivo de fraudar terceiros ou a lei.

7.2 Pressupostos

A simulação – declaração falsa de vontade – pressupõe um acordo simulatório entre as partes, isto é, a convergência de vontades para produzir um ato que não corresponde à real intenção delas. O acordo simulatório produz atos irreais, aparentes, que na maioria dos casos esconde, oculta, o real ato produzido pelas partes. A simulação, como regra, é elaborada com o propósito de enganar terceiros ou fraudar a lei. A simulação também, como regra, resulta em negócios jurídicos bilaterais, muito embora possa ocorrer em negócios unilaterais, se houver o acordo simulatório entre o declarante e a pessoa que suporta os efeitos do negócio, como o destinatário da declaração.[45]

7.3 Finalidade

A simulação objetiva fraudar a lei ou prejudicar terceiros. Às vezes, no entanto, ela não objetiva nem fraudar a lei, nem prejudicar terceiros, como se verá a seguir na denominada simulação inocente.

7.4 Modos de realização da simulação

O Código considera três modos de realizar a simulação: por interposição de pessoa; por ocultação do caráter do negócio jurídico; por falsidade na data. Renan Lotufo, ao se ocupar do primeiro modo de realização da simulação, ensina que "a hipótese prevista no inciso I é denominada simulação por meio de interposta pessoa. Nesse caso o real e efetivo beneficiário da negociação não integra o negócio jurídico respectivo: utiliza-se do chamado testa-de-ferro, o qual figura como parte no lugar daquele a quem efetivamente se conferem ou transmitem os direitos".[46] O inciso II, por sua vez, trata da existência de declaração,

---

45. Carlos Roberto Gonçalves, *Direito Civil Brasileiro – Parte Geral*, cit., vol. I, p. 437.
46. Renan Lotufo, *Código Civil Comentado – Parte Geral*, cit., vol. 1, p. 466.

condição ou confissão não verdadeira, denominadas "negócio ilusório", "não-negócio", "negócio vazio".[47] O inciso III cuida da pratica da simulação pela aposição em documentos particulares de data que não corresponda à realidade. O ato fruto do acordo simulatório nós denominamos "negócio simulado". O negócio real, quando existente, que as partes querem esconder nós denominamos "negócio dissimulado".

7.5 Classificação

7.5.1 Simulação absoluta

A simulação é considerada *absoluta* quando falta o negócio jurídico dissimulado. Nesse caso, entre as partes nada há além do negócio simulado; nenhuma relação jurídica subjacente veio a ser constituída pelas partes. O negócio constituído por uma declaração tem por objetivo não gerar efeito jurídico algum. Exemplo: casamento simulado entre brasileira e estrangeiro com o único propósito de evitar a expulsão do estrangeiro do país. As partes apenas fingem para criar uma aparência, uma ilusão externa, sem que, na verdade, queiram o ato (*colorem habens, substantiam vero nullam*).[48] Diz-se "absoluta" porque existe uma declaração de vontade que se destina a não produzir resultado. O agente aparentemente quer, mas, na realidade, não quer. Como regra, a simulação absoluta objetiva fraudar a lei ou prejudicar terceiros.

7.5.2 Simulação relativa

A simulação é considerada *relativa* quando há o negócio jurídico dissimulado. As partes estabelecem uma relação jurídica diversa daquela expressa no ato simulado. As partes podem, nesse caso, pretender ocultar negócio jurídico ou pessoa, caracterizando o que se convencionou chamar de *simulação relativa objetiva* (ocultação de negócio jurídico) ou *simulação relativa subjetiva* (ocultação de pessoa). De acordo com Carlos Roberto Gonçalves, "na simulação relativa as partes preten-

---

47. Idem, ibidem.
48. Carlos Roberto Gonçalves, *Direito Civil Brasileiro – Parte Geral*, cit., vol. I, p. 438.

dem realizar determinado negócio, prejudicial a terceiro ou em fraude à lei. Para escondê-lo, ou dar-lhe aparência diversa, realizam outro negócio (*negotium colorem habet, substantiam vero alteram*).

Compõe-se, pois, de dois negócios: um deles é o simulado, o aparente, destinado a enganar; o outro é o dissimulado, oculto, mas verdadeiramente desejado. O negócio aparente, simulado, serve apenas para ocultar a efetiva intenção dos contratantes, ou seja, o negócio real".[49] Renan Lotufo, citando Caio Mário da Silva Pereira, ensina que "a simulação se diz relativa, também chamada de dissimulação, quando o ato tem por objeto encobrir outro de natureza diversa ou quando aparenta conferir ou transmitir direitos a pessoas diversas das a quem realmente se conferem ou transmitem. E é relativa, em tais hipóteses, porque à declaração de vontade deve seguir-se um resultado, efetivamente querido pelo agente, porém diferente do que é o resultado normal do negócio jurídico".[50]

7.5.3 Simulação fraudulenta

A simulação é *fraudulenta* quando estabelecida para prejudicar terceiros ou fraudar a lei.

7.5.4 Simulação inocente

A simulação é *inocente* quando realizada sem o propósito de prejudicar terceiros ou de fraudar a lei.

7.5.5 Simulação por interposição de pessoa ou "ad personam"

É a simulação que ocorre quando o negócio é real, mas a parte é aparente conhecida por "testa-de-ferro", "presta-nome" ou "homem-de-palha".

7.6 Regime jurídico

O Código Civil de 2002 retirou a simulação do capítulo relativo aos defeitos do negócio jurídico e a colocou no capítulo relativo à inva-

---

49. Idem, ibidem.
50. Renan Lotufo, *Código Civil Comentado – Parte Geral*, cit., vol. 1, p. 464.

lidade do negócio jurídico, reputando-a causa de nulidade, e não de anulabilidade, do negócio jurídico. A simulação acarreta, no mínimo, a nulidade do negócio simulado.

Na simulação absoluta inocente o negócio simulado é inexistente. Nesta forma de simulação a atividade das partes esgota-se com a realização de uma aparência negocial, e desse negócio aparente não resultam quaisquer efeitos jurídicos. Qualquer uma das partes poderá obter a declaração jurídica de inexistência da relação jurídica entre elas.

Na simulação absoluta fraudulenta o negócio simulado é nulo.

Na simulação relativa inocente, a par do negócio simulado, existe o negócio dissimulado; este será considerado válido (CC, art. 167, *caput*), enquanto o negócio simulado será considerado inválido. A mesma solução é aplicada na simulação relativa fraudulenta.

Na simulação relativa ou absoluta fraudulenta as partes não podem argüir a simulação em juízo, a qualquer título, em obediência ao princípio de que ninguém pode beneficiar-se da própria torpeza. Podem argüir a nulidade dos atos simulados os interessados – que, no caso, são os terceiros lesados – e o Ministério Público (CC, art. 168). Pablo Stolze Gagliano e Rodolfo Pamplona Filho pensam de forma diferente, pois, para eles, por configurar causa de nulidade, nada impede seja a simulação alegada pelos próprios simuladores em litígio um contra o outro, ressalvados sempre os direitos de terceiros de boa-fé.[51] Este é o ponto de vista de Carlos Roberto Gonçalves, para quem o art. 104 do CC de 1916 não permitia ação de um simulador contra outro, por entender que ninguém podia beneficiar-se da própria torpeza (*nemo auditur propriam turpitudinem allegans*). Todavia – prossegue o citado autor –, o Código de 2002, como assinala Moreira Alves, "ressalvando os direitos de terceiros de boa-fé em face dos contraentes do negócio jurídico simulado, admite, como decorrência mesma da nulidade, que a simulação possa ser invocada pelos simuladores em litígio de um contra o outro, ao contrário do que reza o art. 104 do Código de 1916".[52]

51. Pablo Stolze Gagliano e Rodolfo Pamplona Filho, *Novo Curso de Direito Civil – Parte Geral*, cit., vol. I, p. 383.
52. Carlos Roberto Gonçalves, *Direito Civil Brasileiro – Parte Geral*, cit., vol. I, p. 439.

7.7 Terceiros de boa-fé

Os terceiros de boa-fé têm os respectivos direitos protegidos em face dos negócios simulados.

8. Reserva mental

8.1 Conceito

A reserva mental pode ser definida como "a emissão de uma declaração não querida em seu conteúdo, tampouco em seu resultado, tendo por único objetivo enganar o declaratário".[53] Para Pablo Stolze Gagliano e Rodolfo Pamplona Filho a reserva mental configura-se quando o agente emite declaração de vontade resguardando o íntimo propósito de não cumprir o avençado ou atingir fim diverso do ostensivamente declarado.[54] Compõe o conceito de reserva mental uma declaração não querida em seu conteúdo, e o propósito de enganar o declaratário podem objetivar um bem ou um mal. O essencial é que o propósito da reserva mental é o de enganar o declaratário, e não o de lhe causar prejuízo. Exemplo de reserva mental: a declaração do autor de determinada obra literária anunciando que o produto da venda dos livros será destinado à campanha filantrópica, mas com o único objetivo de assegurar a circulação e a venda de seus livros.[55]

8.2 Efeitos da reserva mental

A reserva mental desconhecida do declaratário é absolutamente irrelevante no que diz respeito à validade e à eficácia do negócio jurídico. O ordenamento jurídico recebe com indiferença o que mentalmente restou reservado, atendendo à segurança que deve ter a ordem jurídica.[56] Nesse sentido o art. 110 do CC. A única exceção a esta regra no direito civil ocorreria no testamento. De acordo com Nelson Nery Jr., por ser o testamento ato unilateral, não-receptício, a doutrina hodierna

---

53. Nelson Nery Jr., *Vícios do Ato Jurídico e Reserva Mental*, p. 18.
54. Pablo Stolze Gagliano e Rodolfo Pamplona Filho, *Novo Curso de Direito Civil – Parte Geral*, cit., vol. I, p. 385.
55. Nelson Nery Jr., *Vícios do Ato Jurídico...*, cit., p. 21.
56. Idem, p. 66.

encaminha-se no sentido de atribuir integral relevância à reserva mental no negócio testamentário para o fim de ser invalidada a disposição de última vontade se o testador não a exprime com fidelidade, desfigurando-a conscientemente.[57]

Para uns, se a reserva mental for conhecida do declaratário teríamos um negócio jurídico inexistente, por ausência de vontade – posição defendida por Moreira Alves. Para outros teríamos um negócio jurídico simulado. Ocorre que, nesse caso, ainda assim faltaria o acordo simulatório, pois o reservante ignora que o declaratário conhece a reserva mental.

8.3 Diferenças entre a reserva mental, dolo e simulação

A reserva mental não se confunde com o *dolo*, pois na reserva mental não há a intenção de causar prejuízo, nem o propósito de induzir o outro contratante a erro. Ao contrário, o reservante espera que o declaratário não tome conhecimento da reserva secreta.

A reserva mental não se confunde com a *simulação*, porque nela não estaria presente o acordo simulatório, o conluio entre os contratantes no sentido de emitirem declarações divergentes das suas vontades internas. Mesmo na reserva mental conhecida do declaratário faltaria o acordo simulatório, por ignorar o reservante que a reserva mental é conhecida do declaratário.[58]

---

57. Idem, p. 73.
58. Idem, p. 49.

Capítulo 9
INVALIDADE DO NEGÓCIO JURÍDICO

1. Conceito. 2. Atos nulos: 2.1 Hipóteses – 2.2 Regime jurídico da nulidade – 2.3 Convalidação – 2.4 Conseqüências da nulidade – 2.5 Nulidade parcial. 3. Atos anuláveis: 3.1 Regime jurídico dos atos anuláveis: 3.1.1 Confirmação – 3.1.2 Efeitos da confirmação – 3.1.3 Espécies de confirmação. 4. Obrigações contraídas por menores relativamente incapazes.

1. Conceito

Inválido é o negócio que não produz efeitos, por apresentar vícios na sua elaboração. O sistema de invalidade dos negócios jurídicos do Código prevê a divisão em graus de invalidade. Há atos nulos (CC, art. 166) e atos anuláveis (CC, art. 171).

A *nulidade* é a sanção à violação da autoridade da lei; uma sanção imposta aos atos e negócios praticados contra a disposição de leis proibitivas. Às vezes essa sanção vem enunciada expressamente na lei, de modo que a nulidade é chamada de *expressa* ou *textual*. Outras vezes a sanção não é enunciada expressamente. A lei proíbe o ato ou condiciona sua validade ao preenchimento de certos requisitos. É a denominada *nulidade implícita ou virtual*.[1] O legislador desprezou o critério do prejuízo e abandonou o princípio do velho Direito Francês – *pás de nullité sans grief* ("não há nulidade sem prejuízo") –, e inspirou-se no princípio do respeito à ordem pública.[2] A sanção de nulidade objetiva proteger um interesse público violado pelo desrespeito à norma proibitiva.

---

1. Caio Mário da Silva Pereira, *Instituições de Direito Civil*, 19ª ed., vol. I, Rio de Janeiro, Forense, 2004, p. 439.
2. Idem, ibidem.

A *anulabilidade* é também sanção à violação da autoridade da lei, não para preservar um interesse público, mas para preservar um interesse privado protegido pela norma. A anulação do ato atende à mera conveniência das partes. A lei, quando a reconhece, atua na defesa de interesses privados.[3]

2. Atos nulos

2.1 Hipóteses

O CC, no art. 166, estipulou as hipóteses de *negócios jurídicos nulos*: quando celebrados por pessoa absolutamente incapaz – isto é, menor de 16 anos –, sem o necessário discernimento ou, mesmo, que, por causa transitória, não possa exprimir sua vontade (CC, art. 3º); quando tenham conteúdo ilícito, impossível ou indeterminável; quando o motivo determinante que levou as partes à sua celebração for ilícito, como no caso da locação de um imóvel para servir de esconderijo a pessoas seqüestradas; quando não observarem a forma que foi determinada em lei ou quando alguma solenidade que a lei considere essencial para sua validade não foi observada, como no caso de o tabelião não ler em voz alta, ao testador e a duas testemunhas, o instrumento do testamento (CC, art. 1.864, II); quando tiverem por objetivo fraudar lei imperativa; quando a lei taxativamente os declarar nulos, ou proibir-lhes a prática, sem cominar sanção. Por último, o legislador considerou nulo o negócio jurídico simulado (CC, art. 167).

Optou o legislador por descrever minuciosamente as hipóteses de nulidade, mas valeu-se de cláusula aberta, verdadeira válvula-de-escape, ao prever a possibilidade de outra lei declarar nulo o negócio ou, ainda que não o faça, equiparar o ato nulo ao ato proibido pela lei, ainda que ela não comine sanção.

2.2 Regime jurídico da nulidade

A nulidade apresenta regime jurídico mais rigoroso se comparado ao regime da anulabilidade, por proteger um interesse público. O rigor

---

3. Idem, p. 442.

incide em pontos relativos às pessoas que podem alegá-la, à forma de alegá-la e ao tempo para fazê-lo. Ampliam-se a possibilidade e o prazo para alegar a nulidade. A nulidade pode ser alegada pelos interessados ou pelo Ministério Público, quando lhe couber intervir (CC, art. 168). O conceito de "interessado" deve ser recolhido do processo civil. *Interessado* é o que apresenta interesse jurídico ou econômico; não basta o mero interesse moral.

Embora o art. 168 do CC não mencione, o juiz poderá, de ofício – isto é, sem provocação –, reconhecer e declarar a nulidade do negócio jurídico. Não há a necessidade de que a decretação da nulidade ocorra numa ação intentada especificamente para esse propósito. O juiz deve pronunciá-la de ofício, se provada (CC, art. 168, parágrafo único), quando conhecer do negócio jurídico ou dos seus efeitos. Não há prazo para invocar a nulidade do negócio jurídico. A pretensão de nulidade do negócio jurídico seria imprescritível, conforme dispõe o art. 169 do CC – o que, de certa forma, conflita com o disposto no art. 205 do CC, que estabelece o prazo máximo de prescrição em 10 anos.

2.3 Convalidação

O negócio jurídico nulo não pode ser convalidado por manifestações de vontades das partes. Isto é, não se admite que as partes pratiquem novo ato de efeito retroativo com o escopo de sanar vício existente no negócio jurídico que o tornava nulo. É o que dispõe a primeira parte do artigo 169 do Código Civil. Se o negócio nulo não admite convalidação permite a conversão, ou o aproveitamento de parte do negócio jurídico se esta parte permitir a configuração de outro negócio jurídico válido e supostamente desejado pelas partes (CC, art. 170).

2.4 Conseqüências da nulidade

A nulidade resulta na não-produção de efeitos jurídicos a que se destinava o ato, o que não impede que ele produza efeitos secundários, mesmo depois de pronunciada judicialmente. A nulidade apaga qualquer efeito do ato, desde o momento de sua formação (*ex tunc*). A sentença retroage à data do nascimento do ato viciado. Embora o ato seja tido como nulo pela lei, dele decorrem efeitos de ordem material.

2.5 Nulidade parcial

O Código permite, tanto para negócios nulos como para negócios anuláveis, a declaração de nulidade ou anulabilidade parcial, desde que isso seja possível – o que pressupõe a separação do negócio por partes e que os sujeitos não se oponham (CC, art. 184). É possível que apenas o instrumento do negócio jurídico seja nulo ou anulável. O negócio, em si, não. Nesse caso, se a lei permitir que o negócio jurídico seja provado por outro meio, a nulidade do instrumento não implicará a nulidade do negócio jurídico (CC, art. 183).

3. Atos anuláveis

Anulável é o negócio jurídico praticado por agente relativamente incapaz ou que incorra em vício resultante de erro, dolo, coação, estado de perigo, lesão ou fraude contra credores (CC, art. 171). Não há no negócio anulável o desrespeito a princípios básicos de ordem pública, mas desrespeito a interesses privados legalmente protegidos, razão pela qual há uma diversidade de tratamento entre negócios nulos e anuláveis.

3.1 Regime jurídico dos atos anuláveis

3.1.1 Confirmação

Permite a lei que o negócio jurídico anulável seja confirmado pelas partes. "Confirmar" é fazer prevalecer, pelo consentimento posterior das partes, o que podia ser anulado – o que equivale, em última análise, a renúncia ao direito de tornar ineficaz o negócio jurídico (CC, art. 172). Para outros a confirmação ou ratificação seria a atitude inequívoca de validar o negócio por aquele que tinha qualidade para atacá-lo. A confirmação exige, de quem confirma o negócio, o conhecimento do vício e a intenção de cessá-lo. Cuida-se de ato unilateral, que independe da aceitação da outra parte.

Exige o art. 173 do CC que a confirmação contenha a substância do negócio celebrado, isto é, indique com clareza e precisão o negócio jurídico, e a vontade expressa, clara e explícita de mantê-lo. De acordo com Carvalho Santos, "não bastam frases vagas e genéricas, mas é preciso que a declaração seja clara e explícita, de modo a afastar toda a ambigüidade sobre o verdadeiro caráter do ato confirmativo. Para isso se faz mister que o ratificante declare saber o ato anulável e que é seu desejo ratificá-lo, dar-lhe valor, como se desde o princípio fora juridicamente válido, na expressão de Dernburg".[4]

3.1.2 Efeitos da confirmação

A confirmação implica renúncia ao direito de anular o negócio, de modo que o negócio continuará produzindo efeitos jurídicos. Por isso, é inexato afirmar que a confirmação tem efeito retroativo (CC, art. 175). A confirmação (ratificação) não pode prejudicar direito de terceiro que, confiando na anulabilidade do ato, adquiriu direitos subordinados a essa anulação. Exemplo: menor, sem assistência, outorga usufruto vitalício a "A"; torna-se maior e vende o imóvel a "B", e após a venda ratifica a outorga do usufruto a "A". Não pode fazê-lo.

3.1.3 Espécies de confirmação

A confirmação pode ser expressa ou tácita. Ocorre a confirmação tácita quando (a) a inércia acarreta a decadência do direito de invalidar ou (b) há o cumprimento parcial da obrigação. Com relação à inércia, prevê o Código Civil o prazo de decadência de quatro anos para anular o negócio jurídico (art. 178), contado do dia em que se realizou o negócio jurídico no caso de erro, dolo, fraude contra credores, estado de perigo ou lesão; e no caso de coação e no de incapacidade, do dia em que estas cessarem. Esse prazo de quatro anos é reduzido para dois anos quando a lei cominar a sanção de anulabilidade e não especificar outro prazo (CC, art. 179). A confirmação por cumprimento parcial da obrigação exige: (a) a execução da obrigação; (b) a ciência do vício que impugnava a obrigação; (c) a intenção de reparar o vício; (d) a capacidade para confirmar o ato (CC, arts. 172 a 174).

A anulabilidade deve ser decretada por sentença. Afirma-se com freqüência que o ato anulável produz efeitos até o pronunciamento do vício por sentença.[5] Aponta-se esta afirmação como nota distintiva dos

---

4. Carvalho Santos, *Código Civil Brasileiro Intepretado*, p. 271.
5. Nesse sentido a lição de Sílvio de Salvo Venosa (*Direito Civil – Teoria Geral*, 2ª ed., vol. 1) – para quem o negócio jurídico produz efeitos até ser anulado; os efeitos

atos nulos, que não produziriam efeitos. Mas isto corresponde à verdade? A sentença na hipótese de atos anuláveis também não retroagiria, para fulminar desde o início os efeitos do ato? Parece-nos que sim; se não, haveria enorme contradição entre o afirmado acima e o disposto no art. 182 do CC. Portanto, a nosso ver, a declaração judicial de anulabilidade produz efeitos retroativos. Ela retroage até a celebração do negócio, para restituir as partes ao estado anterior ao negócio. As anulabilidades não se pronunciam de ofício. Apenas os interessados podem alegá-las. Tal direito é pessoal, e pode ser exercido pelos representantes dos incapazes, pelo credor ou terceiros prejudicados.

4. Obrigações contraídas por menores relativamente incapazes

Os menores relativamente incapazes devem ser assistidos nos atos jurídicos por seus legítimos representantes. O art. 180 do CC impede que o menor se exima de cumprir uma obrigação invocando sua menoridade se dolosamente (a) ocultou sua menoridade, quando inquirido, ou (b) no ato de se obrigar espontaneamente se declarou maior. A incidência desse artigo exige a ocorrência de dolo. Não raras vezes a declaração de maioridade decorre de ingenuidade ou ignorância, sem qualquer relação com má-fé ou dolo. Apenas a mentira consciente pode revelar o dolo. A incidência do referido artigo exige, também, que a outra parte esteja de boa-fé. A anulação de uma obrigação implica, como regra, a reposição das partes ao estado em que se encontravam antes de realizado o negócio jurídico (CC, art. 182). Esta regra não é aplicável quando o negócio anulado envolver um incapaz; a restituição só será possível se a parte provar que a prestação paga reverteu em benefício do menor (CC, art. 181).

da anulação passam a ocorrer a partir do decreto anulatório (*ex nunc*) – e Caio Mário da Silva Pereira (*Instituições de Direito Civil*, cit., 19ª ed., vol. I, p. 448) – para quem o decreto judicial de anulabilidade produz efeitos *ex nunc*, desde então, respeitando-se as conseqüências geradas anteriormente.

Capítulo 10
ATOS ILÍCITOS

1. Considerações gerais. 2. Requisitos da responsabilização: 2.1 Responsabilidade civil. Observações preliminares – 2.2 Ato ilícito – 2.3 Culpa e dolo: 2.3.1 Dolo – 2.3.2 Culpa – 2.4 Imputabilidade – 2.5 Dano – 2.6 Nexo de causalidade. 3. Abuso de direito. 4. Atos que não são considerados ilícitos.

1. Considerações gerais

No livro do Código Civil destinado ao exame dos fatos jurídicos o legislador ocupou-se dos chamados *atos ilícitos*. Estes, os atos ilícitos, numa primeira aproximação, podem ser definidos como atos contrários à ordem jurídica, sendo, portanto, sancionados com a invalidade. Desta forma, um contrato celebrado entre duas pessoas para regular entre elas o tráfico de substâncias entorpecentes seria ilícito, nulo de pleno direito, em razão da ilicitude do seu conteúdo. Isto não quer dizer, no entanto, que o ato, embora ilícito, não produza algum tipo de efeito jurídico, previsto pela ordem jurídica. Os atos ilícitos – isto é, os atos contrários ao Direito –, como regra, se causadores de danos ao patrimônio econômico ou moral da pessoa ou, ainda, a algum direito personalíssimo dela, como a honra e a imagem, geram a obrigação do autor do dano de indenizar, isto é, eliminar o dano causado a essas pessoas. É possível afirmar, portanto, que os atos ilícitos obrigam o autor a responder, a arcar com os danos causados às vítimas deles.

O Código Civil procurou responsabilizar o agente por atos contrários ao Direito e causadores de dano que ele tenha praticado voluntariamente (dolosamente) ou involuntariamente (culposamente). O ato ilícito seria o ato: a) doloso ou culposo; b) contrário ao Direito; c) causador de dano.

Consideramos que, para ser ilícito, basta o ato ser contrário ao Direito. O dolo ou a culpa e a ocorrência de resultado danoso são, como exemplo do ato ilícito, pressupostos para a deflagração da responsabilidade, isto é, da obrigação imposta pela lei, ao autor do ato ilícito, de reparar os danos experimentados pela vítima decorrentes direta e imediatamente deste ato contrário ao Direito praticado por ele. Portanto, em síntese, tudo não passa de *requisitos da responsabilidade civil*.

2. Requisitos da responsabilização

2.1 Responsabilidade civil. Observações preliminares

O termo "responsabilidade", em si, é equívoco. É difícil conceituá-lo. Aproxima-se do conceito de "obrigação", por ter em sua denominação a mesma raiz latina *spondeo* de um dos atos da *stipulatio*, que era a fórmula mais conhecida no Direito Romano para constituir obrigações. Com efeito, a *stipulatio* designava a operação que tinha a finalidade de constituir uma obrigação verbalmente. Ela constituía um cuidado necessário a demonstrar a intenção séria das partes em convencionar uma obrigação que pudesse ser executada civilmente, razão pela qual a *stipulatio* era composta de uma proposta do credor sob a forma de pergunta (a *rogatio*, *interrogatio*) e uma aceitação do devedor sob a forma de resposta (*responsio*, *sponsio*). Exemplo: "Prometes dar-me 100? – pergunta o credor. Prometo – responde o devedor". Desta forma, "responsável" pode ser definido como aquele que responde, aquele que se obrigou – o que permite aproximar, ainda que imperfeitamente, *responsabilidade* de *obrigação*.

O estudo da responsabilidade ocupa-se com as condutas lícitas e com as condutas ilícitas. Com as segundas com maior intensidade que com as primeiras. A responsabilização de uma pessoa por atividade lícita – isto é, de uma pessoa que age em acordo com o paradigma de conduta previamente estipulado na lei ou no contrato – é medida excepcional, ao passo que a responsabilização de uma pessoa por atividade ilícita – isto é, em desacordo com o paradigma de conduta previamente estipulado na lei ou no contrato – é medida rotineira e corrente.

Assim, interessa-nos estudar as conseqüências dos atos de quem age em desacordo com o paradigma da norma. A responsabilidade, nesse caso, obedece metaforicamente ao esquema sugerido pelo estudo da palavra, quer dizer, depende da resposta dada à pergunta: "Por que faltaste a teu dever, praticando ou omitindo tal ato?". A que responde o interrogado de forma satisfatória – caso em que é desobrigado – ou de forma insatisfatória – caso em que é sancionado com algum castigo.[1]

2.2 Ato ilícito

O ato ilícito requer voluntariedade e contrariedade ao ordenamento jurídico. O ato é sempre ação ou omissão voluntária. Requer espontaneidade, liberdade, e não direcionamento, coerção. Alguém que é obrigado a atravessar um farol fechado em alta velocidade com uma arma apontada para sua cabeça não é agente, mas instrumento; foi utilizado para praticar um ato ilícito. O ato deve ser contrário ao Direito, isto é, violar alguma norma jurídica.

O único efeito do ato ilícito é deflagrar a responsabilização do agente, ou de quem responda por ele, obrigando-o a reparar os danos. Isto ocorrerá se ao ato ilícito forem agregados outros acontecimentos, como o dolo, a culpa, o dano e o nexo de causalidade entre o ato e o dano.

2.3 Culpa e dolo

2.3.1 Dolo

O conceito de "dolo" vincula-se tradicionalmente à concepção de "delito" prevista no Direito Romano, e significa infringir norma com o propósito deliberado de causar mal ou cometer delito (*animus nocendi* – "ânimo de prejudicar"). Esse conceito pode ser superado por aquele que define o dolo como o ato danoso com a consciência do resultado. Para caracterizá-lo não é necessário indagar se o agente teve o propósito de causar o mal, mas se ele agiu consciente de que seu comportamento poderia ser lesivo.

2.3.2 *Culpa*

Um renomado autor francês, Ripert, recusava-se, diante da dificuldade, a definir a culpa. Savatier, outro renomado jurista francês, a defi-

---

1. José de Aguiar Dias, *Responsabilidade Civil*, vol. I, p. 3.

niu como "a inexecução involuntária de um dever que o agente podia conhecer e observar". Se efetivamente conhecia o dever e deliberadamente o violou, ocorre o dolo; se a violação do dever é involuntária, podendo ser conhecida e evitada, constitui a culpa simples. Portanto, a culpa também provém de um ato voluntário, mas a vontade do sujeito no ato culposo destina-se a realizar o ato, e não sua conseqüência nociva.

Culpa é a falta de diligência, de cuidado, na observância da norma de conduta. Alguns a definem como um erro de conduta. O conceito de "culpa" compreende as noções de "negligência", "imprudência" e "imperícia". *Negligência* é a omissão daquilo que razoavelmente se faz. É não agir com atenção, discernimento. *Imprudência* é a precipitação; é o agir sem cautela, sem cuidado, de modo afoito. *Imperícia* é, originariamente, a falta de habilidade.

A culpa, dependendo da sua intensidade, pode ser grave, leve e levíssima. *Culpa grave* é aquela que é imprópria ao homem comum. Sua ocorrência aproxima-se do dolo. *Leve* é a falta ou o erro evitável com a atenção ordinária. Enquanto *levíssima* é a falta ou o erro evitável apenas com uma atenção extraordinária, com habilidade especial ou conhecimento singular. A culpa pode ser, ainda, *in vigilando, in custodiendo, in omittendo* e *in eligendo*. Na culpa *in vigilando* há uma falta ao dever de velar; o agente comete uma desatenção, quando tinha a obrigação de observar. Na culpa *in custodiendo*, que é modalidade de culpa *in vigilando*, a pessoa descuida-se da guarda de uma coisa. Na culpa *in omittendo* o agente é omisso, quando tinha o dever de agir. E na culpa *in eligendo* o agente escolhe mal uma pessoa a quem é confiada uma tarefa, e essa pessoa pratica ato que causa dano a outrem.

Na chamada "responsabilidade subjetiva" a culpa qualifica o ato ilícito. A culpa anima o ato ilícito. O ato ilícito culposo é aquele contrário ao Direito e o que resulta de um mau procedimento imputável ao agente. Sem culpa, nenhuma responsabilidade. Na denominada "responsabilidade subjetiva" o comportamento culposo (ou doloso) do agente afigura-se como um pressuposto da obrigação de indenizar. Sem a prova da culpa não há a obrigação de indenizar. No entanto, a prova da culpa do agente é difícil de ser feita.

A culpa passou a ser admitida com facilidade ou presumida. No primeiro modo – *admissão com facilidade da existência de uma culpa* – basta a chamada culpa mínima, a culpa levíssima, para autorizar a responsabilização. É possível incluir nesse modo a responsabilidade civil por abuso de direito, que se configura como o exercício abusivo do direito com intenção de lesar o direito de outrem e sem utilidade apreciável para o agente ou como o exercício anormal do direito, contrariando sua finalidade social e econômica – critério acolhido tanto pelo CC de 1916, no art. 160, como pelo CC de 2002, no art. 187. No segundo modo – as *presunções de culpa* – há uma inversão do ônus da prova. A culpa é presumida, cabendo ao autor do ilícito a prova de que não agiu com culpa. A presunção, nesse caso, é relativa, e não absoluta.

A *responsabilidade objetiva* dispensa a prova do comportamento culposo ou doloso do agente como pressuposto da obrigação de indenizar. Basta o ato contrário ao Direito, o ilícito, não havendo a necessidade de provar que o ato ilícito decorreu de comportamento censurável do agente.

2.4 Imputabilidade

"Imputar" é atribuir a alguém a responsabilidade pelos danos causados por um ato ilícito a partir da constatação de que essa pessoa reúne condições – como maturidade e sanidade – para responder pelas conseqüências do seu agir. A conduta praticada deve ser censurável – isto é, reprovável – ao se levar em conta a capacidade psíquica de entendimento e autodeterminação do agente. *Imputável* é o maior de idade e o que tem discernimento. Os absolutamente incapazes são *inimputáveis*. Respondem por seus atos os representantes legais e subsidiariamente o incapaz, quando as pessoas que representam não dispõem de recursos suficientes ou não têm obrigação de fazê-lo, hipótese em que a indenização deverá ser eqüitativa (CC, art. 928).

2.5 Dano

O dano corresponde ao prejuízo experimentado pela vítima causado pelo ato ilícito. O dano pode ser de três tipos: *dano positivo ou emergente* – isto é, a concreta diminuição no patrimônio; *dano negativo ou lucro cessante ou frustrado* – isto é, a privação de ganho razoável e provável; e *dano moral*.

Nos *danos patrimoniais* a efetiva reparação equivale a indenizar – "tornar indene", isto é, sem dano – a vítima, colocando-a na situação em que se encontraria não fosse a ocorrência do dano. A vítima deve ser ressarcida dos danos emergentes – os gastos para reparar os prejuízos, como as despesas médicas, de hospitalização, farmacêuticas, de reeducação física e profissional ou de reparo da coisa – e dos lucros cessantes – os salários, comissões ou benefícios, lucros não ganhos em virtude do evento danoso.

A *extensão dos danos patrimoniais* a indenizar deve ser *avaliada segundo a teoria do interesse ou da diferença*. Nela, a verificação do dano dá-se mediante comparação "entre a situação real do patrimônio depois de se ter verificado o evento danoso com o estado imaginário que apresentaria se não houvesse sido produzido. A diferença negativa encontrada revela a existência do dano e exprime a sua extensão".[2] Esses critérios são retirados do Código Civil. No caso de morte a indenização deve compreender o valor das despesas com o tratamento e funeral da vítima e o luto da família; a prestação de alimentos às pessoas a quem a vítima os devia (CC, art. 948). No caso de ferimento ou outro ofensa à saúde a indenização deve compreender as despesas do tratamento e os lucros cessantes até o fim da convalescença. Por "despesas de tratamento" compreendem-se assistência médica, remédios, aparelhos ortopédicos e tudo quanto se ligue a esses cuidados, dentro da normalidade, da razoabilidade e da necessidade. Segundo José de Aguiar Dias, "quem deseja tratamento excepcionalmente dispendioso, em virtude do processo ou do renome do médico, *quando esse elemento não é indispensável ao tratamento*, deve suportar o excesso que ele representa sobre o preço vulgarmente cobrado para os serviços da mesma natureza".[3] Os lucros cessantes devem ser razoáveis, e não artificialmente criados pelo prejudicado (CC, art. 949). Se da ofensa resultar defeito que impossibilite à vítima exercer seu ofício ou profissão ou lhe diminua o valor do trabalho, a indenização, além das despesas do tratamento e lucros cessantes até o fim da convalescença, incluirá uma verba correspondente à importância do trabalho, para que se inabilitou, ou da depreciação que ele sofreu (v. Súmula 490 do STF: pensão ajustada ao salário mínimo) (CC, art. 950).

Em boa hora a Constituição Federal admitiu, sem cerceio, a possibilidade de cumulação de dano material com dano moral, questão atual-

2. Agostinho Alvim, *Da Inexecução das Obrigações e suas Conseqüências*, p. 191.
3. José de Aguiar Dias, *Da Responsabilidade Civil*, vol. I, p. 862.

mente sumulada pelo STJ, na Súmula 37. É possível denominarmos o dano moral também de "dano não-patrimonial". *Dano moral ou não-patrimonial* é o dano causado injustamente a outrem que não atinja ou diminua seu patrimônio.[4]

A expressão "dano moral ou dano não-patrimonial" não se limita à dor experimentada pelo ofendido, mas abrange, dado a unidade do homem (corpo, psique e espírito), a dor física, o sofrimento moral, o prejuízo estético, perturbações da afetividade ou da afeição, perda da juventude ou da capacidade sexual, prejuízo fisiológico ou privação de uma atividade agradável, isto é, a perda da possibilidade de exercer certas atividades de lazer, como a desportiva, a artística, a cultural etc.[5]

"Efetiva reparação do dano moral", ao contrário do que ocorre com o dano material, não significa tornar indene, sem dano. Isso porque a lesão a bens jurídicos que não fazem parte do patrimônio – como a personalidade e os direitos da personalidade – não pode ser eliminada.

A obrigação pecuniária, nesse caso, não visa a tornar indene, mas a compensar, satisfazer ou consolar a vítima. A indenização pelo dano moral deve ser satisfatória, eqüitativa. Deve ser razoável e severa. A fixação do montante da indenização deve obedecer a certos critérios extraídos do sistema jurídico:

a) *a gravidade dos prejuízos* – devem ser indenizados os prejuízos que, pela sua gravidade, mereçam a tutela do direito. Conforme José Osório, "não é qualquer dano moral que é indenizável. Os aborrecimentos, percalços, pequenas ofensas, não geram o dever de indenizar";[6]

b) *o juiz deve atentar para as circunstâncias do caso* – a posição do ofendido; a intensidade do seu sofrimento (exemplo: a perda de um dedo da mão será compensada em montantes diferentes conforme se trate de um pianista ou de um comerciário); a posição econômica do ofensor; seu comportamento para minorar o dano; etc.;

c) *o montante deve ser razoável; efetivamente compensar a vítima* – deve-se descartar o recurso a tabelas de indenização elaboradas por companhias de seguro para avaliar o montante a ser indenizado por

---

4. Agostinho Alvim, *Da Inexecução das Obrigações e suas Conseqüências*, p. 195.
5. João Calvão da Silva, *A Responsabilidade Civil do Produtor*, p. 679.
6. José Osório, in *Boletim da AASP* 49, dezembro/1996.

ocasião do sinistro. Isso é monetizar o corpo ou as partes do corpo, e esquecer que a saúde é um direito fundamental do homem, que deve ser resguardado até no momento de sua violação ser compensada; d) *deve-se determinar o pagamento do montante apurado de uma única vez* – e, com isso, evitar transformar o dano moral em pensão periódica. Impede-se, com isso, o prolongamento da dor.

Os *titulares da ação de indenização* por dano moral são: o ofendido; os parentes próximos descendentes, ascendentes e cônjuge; os ofendidos reflexamente.

2.6 Nexo de causalidade

O descumprimento pressupõe, também, a existência de nexo de causalidade entre o prejuízo e o descumprimento culposo do devedor. Serão indenizados tão-somente os danos provindos direta e imediatamente do comportamento da outra parte.

3. Abuso de direito

O CC, no art. 187, previu a figura do *abuso de direito* como hipótese de ato ilícito. Ao fazê-lo, desprezou a teoria do ato emulativo – o exercício de um direito com o fim de prejudicar a outrem – e acolheu a doutrina defendida por Salleiles, que considera abuso de direito o exercício anti-social de um direito, que ocorre toda vez que o titular o exerce em desacordo com as finalidades em vista das quais o direito foi instituído, e que no Brasil, entre outros, foi defendida por San Tiago Dantas. Diz o referido autor: "Abuso do direito nada mais é do o exercício anti-social do direito".[7]

4. Atos que não são considerados ilícitos

Certos atos, ainda que causem danos, não são considerados ilícitos. São eles os atos praticados em legítima defesa, o exercício regular de um direito e o estado de necessidade.

---

7. San Tiago Dantas, *Programa de Direito Civil – Teoria Geral*, p. 319.

ATOS ILÍCITOS 173

A *legítima defesa*, de acordo com a lição de Clóvis Beviláqua, pressupõe uma injustiça, uma violação do direito subjetivo, e deve ser uma reação dirigida somente contra o autor da injustiça, contra seus auxiliares e contra os instrumentos da agressão, porém dentro de certos limites e segundo certas normas. A agressão deve ser injusta – isto é, constituir ato contrário ao Direito –, atual e inevitável; a repulsa não deve exceder o necessário.[8]

O *estado de necessidade* é a situação de perigo iminente que autoriza à provável vítima, para remover o perigo, deteriorar ou destruir a coisa alheia ou, ainda, lesionar outra pessoa. Exige o Código que o ato para remover o perigo seja absolutamente exigido pelas circunstâncias e não exceda os limites do indispensável. (CC, art. 188, parágrafo único). Em ambos os casos, o dono da coisa que foi danificada ou destruída ou, ainda, a pessoa lesionada terão o direito de ser indenizados, desde que não tenham sido os responsáveis ou culpados pela agressão ou perigo iminente. É a regra do art. 929 do CC de 2002, que na versão do Código Civil de 1916 recebeu de Clóvis Beviláqua o seguinte comentário: "Aquele que sofre o dano para o qual não concorreu, ao qual é estranho, merece que o indenizem do sacrifício que lhe foi imposto. Parece irrecusável a eqüidade deste preceito".[9]

---

8. Clóvis Beviláqua, *Código Civil dos Estados Unidos do Brasil Comentado*, vol. I, p. 429.
9. Idem, p. 665.

Capítulo 11
DA PRESCRIÇÃO E DA DECADÊNCIA

1. Considerações gerais. 2. Prescrição: 2.1 Histórico – 2.2 Fundamentos da prescrição – 2.3 Conceito – 2.4 Conceito adotado pelo Código Civil de 2002 – 2.5 Causas impeditivas, suspensivas ou interruptivas – 2.6 Outras regras aplicáveis à prescrição – 2.7 Renúncia da prescrição – 2.8 Efeitos da prescrição em relação às pessoas – 2.9 Prazos prescricionais. 3. Decadência: 3.1 Conceito – 3.2 Espécies – 3.3 Regime jurídico – 3.4 Prazos de decadência. 4. Prescrição, decadência e preclusão.

1. Considerações gerais

O estudo da prescrição e o estudo da decadência estão relacionados com o decurso de prazo e a omissão do titular do direito em exercê-lo. A segurança jurídica requer a estabilidade das relações jurídicas, uma vez decorrido lapso de tempo razoável. Há prescrição ou decadência de um direito quando a inércia por um determinado prazo acaba por impedir seu exercício ou por extingui-lo.

Costumamos definir *prescrição* como a perda do direito de ação em virtude da inércia do seu titular por determinado tempo; e *decadência* como a perda do direito em virtude da inércia do seu titular por determinado tempo. Ambas levam à extinção indireta ou direta de um direito. Não há, até o presente momento, critérios definitivos para distinguir a prescrição da decadência, cuja necessidade decorreria do fato de haver regimes jurídicos diferentes para cada um dos institutos, muito embora as diferenças dos regimes jurídicos sejam mínimas, hoje.

A razão de ser da distinção justifica-se na medida em que o regime jurídico da prescrição é diferente do regime jurídico da decadência. As diferenças seriam as seguintes:

a) o decurso do prazo prescricional pode ser suspenso ou interrompido, enquanto o mesmo, como regra, não ocorre com o prazo decadencial, que só pode ser impedido pelo exercício do direito dentro do lapso de tempo prefixado (CC, art. 207);

b) a prescrição pode ser renunciada depois de consumada (CC, art. 191), enquanto a decadência fixada em lei não pode ser renunciada, por ser qualificada como matéria de ordem pública (CC, art. 209);

c) a distinção entre *perda do direito de ação* e *perda do próprio direito*. A perda do direito de ação decorre da prescrição, enquanto a perda do direito decorre da decadência. A diferença é que na prescrição o direito protegido pelo direito de ação permanece íntegro; subtrai-se do titular a possibilidade de invocá-lo em juízo, mas alguns dos seus efeitos são mantidos, como o de autorizar a retenção da prestação voluntariamente cumprida, não obstante a ocorrência da prescrição. Assim, no exemplo clássico, o pagamento de uma dívida cujo direito de ação do credor estivesse prescrito não autoriza o devedor adimplente a pedir restituição em juízo (CC, art. 882);

d) a contagem do prazo. Na prescrição, seu início dar-se-ia a partir da violação, de modo que existiria o direito, este é violado, e a partir da violação nascem o direito de ação e, concomitantemente, o início do prazo prescricional. Assim, eu tenho um direito a um crédito, que no dia do vencimento não é pago. A partir do dia do vencimento e do não-pagamento é que surgiria o direito de invocar a proteção jurisdicional – e, portanto, é que começaria o prazo prescricional. É a denominada *actio nata* dos romanos, isto é, o nascimento da ação. Na decadência o início do prazo começa com o próprio surgimento do direito – e, portanto, o direito de ação, de fazê-lo cumprir, surge concomitantemente;

e) o tipo de sentença a ser proferida. Nessa linha, haveria direitos imprescritíveis, direitos que prescrevem e direitos que decaem. Toda pretensão que desse ensejo a uma sentença declaratória seria imprescritível, enquanto toda pretensão que desse ensejo a uma sentença condenatória seria prescritível e toda pretensão que desse ensejo a uma pretensão constitutiva positiva ou negativa seria decadencial, salvo exceções.

2. Prescrição

2.1 Histórico

Encontramos na obra de Antônio Luís da Câmara Leal intitulada *Da Prescrição e da Decadência* a explicação histórico-etimológica do vocábulo "prescrição", que procederia do vocábulo latino *praescriptio*, derivado do verbo *praescribere*, formado de *pra* e *scribere*, com o significado de "escrever antes" ou "no começo". Ao que consta, segundo o referido autor, o Pretor, no ano 520 de Roma, investido pela Lei *Aebutia* do poder de criar ações, criou as chamadas "ações temporárias", contrapondo-as às ações perpétuas. Ao estatuir a fórmula que predeterminava a orientação do julgamento, ele o fazia preceder de uma parte introdutória, em que determinava que, se o prazo da ação estivesse extinto, o magistrado não ingressaria no mérito do litígio. E a essa parte preliminar da fórmula, por anteceder ao julgamento propriamente dito, se dava a denominação de *praescriptio*.[1] De acordo com Valério Rodrigues Dias, "cabia ao magistrado (pretor), no édito por ele preparado, estabelecer um prazo, a contar da violação do direito, dentro do qual se poderia exercer a ação para sua defesa. Ultimado este prazo, não haveria mais ação para o exercício do direito. Consolida-se, assim, no âmbito do Direito Pretoriano a prescrição extintiva".[2]

2.2 Fundamentos da prescrição

As fontes romanas indicavam três fundamentos para a prescrição: a) a necessidade de fixar as relações jurídicas incertas, evitando as controvérsias; b) o castigo à negligência; c) o interesse público. Para Câmara Leal o único fundamento aceitável da prescrição é o interesse jurídico-social. O motivo é o interesse público, a finalidade objetiva a estabilização do direito.

No mesmo sentido Valério Rodrigues Dias, apoiado nas lições de Orlando Gomes, Miguel Maria de Serpa Lopes e Maria Helena Diniz, para quem "são mecanismos do sistema jurídico para absorção de incertezas, limites impostos pelo ordenamento à sua positivação (...). Seu

---

1. Antônio Luís da Câmara Leal, *Da Prescrição e da Decadência*, p. 4.
2. Valério Rodrigues Dias, *O Conceito de Prescrição Aplicável aos Principais Institutos de Direito Administrativo*, p. 26.

substrato jurídico é o princípio da segurança jurídica, pedra-de-toque no Estado Democrático de Direito, com o qual se promove a harmonia, a ordem e a paz social".[3]

2.3 Conceito

O conceito de "prescrição", antes de ser formulado, envolve uma tomada de posição ou comprometimento de quem o enuncia com os critérios que diferenciam a prescrição da decadência. Câmara Leal propõe seja considerado de decadência o prazo estabelecido pela lei, ou pela vontade unilateral ou bilateral, quando prefixado ao exercício do direito pelo seu titular; e considerado de prescrição o prazo fixado não para o exercício do direito, mas para o exercício da ação que o protege. Assim, Câmara Leal define a prescrição como "a extinção de uma ação ajuizável, em virtude da inércia de seu titular durante um certo lapso de tempo, na ausência de causas preclusivas de seu curso".[4]

Desta forma, para o citado autor a *prescrição* demandaria o concurso de quatro requisitos para se configurar:

a) *a existência de uma ação exercitável*, ou a *actio nata* dos romanos, que é o objeto da prescrição, decorrente da violação de um direito da qual a pessoa é titular. A ação exercitável deve preencher duas condições: corresponder a um direito atual, atribuído a seu titular, e buscar remover uma violação desse direito. Da violação do direito, devidamente comunicada ao titular, é que nasce a ação e começa a correr a prescrição;

b) *a inércia do titular da ação pelo não-exercício*, que é a causa eficiente da prescrição. Entende-se por "inércia a inação" a passividade do titular do direito ante a violação por ele sofrida. A inércia cessa se o titular exerce o direito de ação;

c) *a continuidade da inércia pelo menos pelo prazo estabelecido na lei*. Isto é, o tempo apresenta-se como fator operante. Há necessidade, portanto, de que a inércia se prolongue no tempo, sem interrupção. O tempo da prescrição é aquele estabelecido expressamente pela lei para cada tipo de ação;

---

3. Antônio Luís da Câmara Leal, *Da Prescrição...*, cit., p. 30.
4. Idem, p. 12.

d) *a inocorrência de fato ou ato considerado pela lei como impeditivo, suspensivo ou interruptivo da prescrição*. Há circunstâncias que interferem no curso da prescrição. Entre elas, as que impedem o curso da prescrição, as que interrompem o curso da prescrição e as que suspendem o curso da prescrição.

A *decadência*, por sua vez, para o citado autor, indica "o prazo estabelecido pela lei, ou pela vontade unilateral ou bilateral, quando prefixado ao exercício do direito pelo seu titular". A decadência é a ação de cair ou o estado daquilo que caiu.

No campo jurídico, indica a queda ou o perecimento de um direito pelo decurso do prazo fixado para seu exercício sem que o titular o tivesse exercido. Câmara Leal define-a como "a extinção do direito pela inércia de seu titular, quando sua eficácia foi, de origem, subordinada à condição de seu exercício dentro de um prazo prefixado, e este se esgotou sem que esse exercício se tivesse verificado".[5] Agnelo Amorim Filho discorda desse critério, qualificando-o de empírico, carecedor de base científica: "Todavia, o critério proposto por Câmara Leal, embora muito útil na prática, se ressente de dupla falha. Em primeiro lugar, é um critério empírico, carecedor de base científica, e isto é reconhecido pelo Câmara Leal, pois ele fala em 'discriminação prática dos prazos de decadência das ações' (ob. cit., p. 434). Com efeito, adotando-se o referido critério, é fácil verificar, praticamente, na maioria dos casos, se determinado prazo extintivo é prescricional ou decadencial, mas o autor não fixou, em bases científicas, uma norma para identificar aquelas situações em que o direito nasce, ou não, concomitantemente com a ação, pois é este o seu ponto de partida para a distinção entre os dois institutos. Em segundo lugar, o critério em exame não fornece elementos para se identificar, direta ou mesmo indiretamente (isto é, por exclusão), as denominadas ações imprescritíveis".[6]

Agnelo Amorim Filho propõe um critério distintivo a partir da classificação de direitos à prestação e direitos potestativos ou sem prestação, realizada por Chiovenda em suas *Instituições*, que o levou a classificar as ações em três grupos principais – condenatórias, constitu-

---

5. Idem, p. 99.
6. Agnelo Amorim Filho, "Critério científico para distinguir a prescrição da decadência e para identificar as ações imprescritíveis", *RT* 300/10.

tivas e declaratórias –, recorrendo-se à ação condenatória quando se pretende obter do réu uma determinada prestação (positiva ou negativa) e à ação constitutiva (positiva ou negativa) quando se procura obter não uma prestação do réu, mas a criação de um estado jurídico ou a modificação ou a extinção de um estado jurídico anterior.

Por outro lado, o citado autor, ao estudar a prescrição ou seu momento inicial, aceita a idéia, oriunda do Direito Romano, de que o momento inicial do prazo prescricional é determinado pelo nascimento da ação – e, portanto, as ações que dão origem à prescrição são apenas aquelas nascidas da lesão de um direito, enquanto as ações constitutivas não dariam ensejo à prescrição, mas apenas à decadência, quando há prazo especial de exercício fixado em lei. Afirma Agnelo Amorim Filho:

"Deste modo, fixada a noção de que a violação do direito e o início do prazo prescricional são fatos correlatos, que se correspondem como causa e efeito, e articulando-se tal noção com aquela classificação dos direitos formulada por Chiovenda, concluir-se-á, fácil e irretorquivelmente, que só os direitos da primeira categoria (isto é, os direitos a uma prestação) conduzem à prescrição, pois somente êles são suscetíveis de lesão ou de violação, conforme ficou amplamente demonstrado. Por outro lado, os da segunda categoria, isto é, os direitos potestativos (que são, por definição, 'direitos sem pretensão', ou 'direitos sem prestação', e que se caracterizam, exatamente, pelo fato de serem insuscetíveis de lesão ou violação), não podem jamais, por isso mesmo, dar origem a prazo prescricional".

"Por via de conseqüência, chegar-se-á, então, a uma segunda conclusão importante: só as ações condenatórias podem prescrever, pois são elas as únicas ações por meio das quais se protegem os direitos suscetíveis de lesão, isto é, os da primeira categoria da classificação de Chiovenda".

"(...). Deste modo chegamos, por dedução, a esta segunda regra: os únicos direitos para os quais podem ser fixados prazos de decadência são os direitos potestativos, e, assim, as únicas ações ligadas ao instituto da decadência são as ações constitutivas, que têm prazo especial de exercício fixado em lei."[7]

7. Idem, *passim*.

2.4 Conceito adotado pelo Código Civil de 2002

O Código Civil de 2002, no art. 189, acolheu o conceito de prescrição conforme a idéia de violação do direito, *verbis*: "Violado o direito, nasce para o titular a pretensão, a qual se extingue, pela prescrição, nos prazos a que aludem os arts. 205 e 206". A prescrição no Código Civil pode ser definida como a extinção da pretensão de ver reparado um direito, pela inércia durante um determinado tempo, inocorrentes fatos ou atos considerados pela lei como impeditivos, suspensivos ou interruptivos da prescrição. De acordo com Caio Mário da Silva Pereira, "para conceituar a prescrição, o Código partiu da idéia de *pretensão*. Foi a dogmática alemã que lhe deu origem. O titular de um direito subjetivo recebe da ordem jurídica o poder de exercê-lo, e normalmente o exerce, sem obstáculo ou oposição de quem quer que seja. Se, entretanto, num dado momento, ocorrer a sua violação por outrem, nasce para o titular uma pretensão exigível judicialmente – *Anspruch*. O sujeito não conserva indefinidamente a faculdade de intentar um procedimento judicial defensivo de seu direito. A lei, ao mesmo tempo em que o reconhece, estabelece que a pretensão deve ser exigida em determinado prazo, sob pena de perecer. Pela prescrição, extingue-se a pretensão, nos prazos que a lei estabelece".[8]

2.5 Causas impeditivas, suspensivas ou interruptivas

A prescrição pode ser impedida, suspensa ou interrompida. Há circunstâncias que evitam o início da prescrição. São as chamadas *causas impeditivas*, que, segundo Câmara Leal, tolhem ou impedem seu início, não permitindo que a prescrição comece a correr. Estas causas existem antes do início da prescrição e exercem sobre a prescrição influência preclusiva e impossibilitam seu início.[9] As causas impeditivas estão descritas nos arts. 197, 198 e 199 do CC e decorrem ou do *status* da pessoa ou da família em razão de sentimentos de confiança, amizade, amor, respeito. Em todas as situações descritas nos arts. 197 a 200 não há início da contagem do prazo prescricional, não importando se houve violação ao direito de alguém.

---

8. Caio Mário da Silva Pereira, *Instituições de Direito Civil*, 20ª ed., vol. I, p. 682.
9. Antônio Luís da Câmara Leal, *Da Prescrição*..., cit., p. 132.

De acordo com o art. 197, I, do CC: "Não corre a prescrição: I – entre os cônjuges, na constância da sociedade conjugal". As ações entre os cônjuges só podem ter origem nas relações decorrentes do casamento, e surgem após a celebração deste. Desta forma, durante a constância do casamento as ações de um cônjuge contra o outro não poderão ser extintas pela prescrição, porque esta não corre, funcionando o matrimônio como uma causa impeditiva do início do curso da prescrição. A razão de ser desta regra foi descrita por Câmara Leal:

"Mirabelli escreve, a esse respeito: 'Uma consideração de ordem moral fez consagrar tal princípio, que nada tem de comum com a máxima *contra non valentem agere non currit praescriptio*. A paz doméstica e o afastamento de qualquer motivo de dissídio foram as causas que informaram esse dispositivo da lei'".

"A prescrição faz com que as ações sejam intentadas, para não se extinguirem pelo decurso do tempo. Criar, pois, a prescrição entre cônjuges, na constância do matrimônio, seria fomentar a dissensão no seio da família, arrastando os cônjuges a agirem judicialmente, um contra o outro, a fim de não deixarem periclitar o seu direito, armado de ação. Mas a lei tem interesse, de ordem social, em que a harmonia conjugal não se conturbe pelas dissensões entre esposos, porque a família é a célula-*mater* da sociedade, que se constitui pela agremiação das famílias. Daí procurar o legislador concorrer para a estabilidade dessa harmonia, permitindo que o direito dos cônjuges, entre si, possa persistir, independentemente do exercício da ação, embora nascida, imunizando-o contra os efeitos extintivos da prescrição."[10]

A causa impeditiva não prevalece se for decretado o fim da sociedade conjugal com a separação judicial, amigável ou litigiosa, por fazer cessar o motivo que justificou o impedimento do curso do prazo prescricional. A causa impeditiva, no entanto, não produz efeitos em relação aos prazos decadenciais, porque os direitos sujeitos a prazo decadencial, se não forem exercidos dentro do prazo estipulado, extinguem-se mesmo na constância do casamento. Desta forma, as ações de nulidade matrimonial entre os cônjuges devem ser propostas dentro do prazo

10. Idem, p. 139.

previsto pelo legislador, a despeito de o casamento produzir efeitos até ser invalidado.[11]

Também, segundo o art. 197, II, do CC, "não corre a prescrição: (...) II – entre ascendentes e descendentes, durante o poder familiar". Os termos "ascendentes" e "descendentes" não se referem a todos os parentes em linha reta, mas àqueles ligados pelo vínculo do poder familiar, isto é, pais e filhos; de modo que o preceito pode ser reinterpretado, para prescrever que "não corre a prescrição entre pais e filhos, reciprocamente, enquanto estes estiverem sujeitos ao poder familiar".[12] A regra do impedimento do curso da prescrição entre pais e filhos permaneceria no caso de suspensão do poder familiar e não mais incidiria no caso de destituição do poder familiar, com a justificativa de que na hipótese de suspensão não cessa de modo definitivo o poder familiar sobre o filho.[13]

Entre tutelados e seus tutores também não corre a prescrição, conforme prescreve o art. 197, III, do CC. E o propósito desta regra foi o de proteger tanto os interesses do tutelado – por não ter ele capacidade de administração de seus interesses e, destarte, não poder agir no caso de violado seu direito por aquele que devia protegê-lo –, quanto os interesses do tutor – posto que a missão de zelar pelos interesses do tutelado o impediria de agir contra o pupilo, caso viesse a perder um direito contra ele.[14]

A prescrição não corre, outrossim, pelas mesmas razões, entre curatelados e curadores.

"Também não corre a prescrição: I – contra os incapazes de que trata o art. 3º" – conforme prevê o art. 198, I, do CC. Neste caso não se cuida de imunidade prescricional recíproca, mas imunidade que somente os beneficia, pois impede a prescrição das ações que poderiam propor mas não impede que corra a favor deles a prescrição das ações contra eles intentáveis.[15]

11. É a lição de Antônio Luís da Câmara Leal, *Da Prescrição...*, cit., p. 134: "Todas as ações de nulidade matrimonial, entre cônjuges, devem ser propostas dentro dos prazos prefixados pelo legislador, a despeito do casamento, cuja vigência perdura até que seja anulado; porque esses prazos, sendo de decadência, e não de prescrição, correm entre os cônjuges na constância do matrimônio".
12. Idem, p. 140.
13. Idem, p. 141.
14. Idem, p. 142.
15. Idem, p. 148.

A prescrição não corre, outrossim, "pendendo condição suspensiva" (art. 199, I), porque o direito subordinado a uma condição suspensiva não tem existência atual, não podendo ser exigido e servir de fundamento a uma ação.[16]

Outrossim, a prescrição não corre "não estando vencido o prazo", por indicar, também, que o direito não pode ser exigido e, logo, servir de fundamento a uma ação. De acordo com a lição de Câmara Leal, "o prazo ou termo inicial é suspensivo, porque, até que ele se complete, o direito, embora existente, não pode ser exigido, verificando-se, portanto, a suspensão de seus efeitos".[17]

Também não corre a prescrição "pendendo ação de evicção" (art. 199, III). *Evicção* é a perda total ou parcial de um bem em razão de sentença que o atribui a outrem por direito anterior ao contrato. O adquirente vê-se privado do bem por força de uma sentença. Enquanto a sentença proferida na ação de evicção, que a julgou procedente, não transitar em julgado não corre o prazo prescricional para que o adquirente exija do alienante a restituição do preço e a indenização por perdas e danos, muito embora, pela sistemática imposta pelo art. 456 do CC – que obriga o adquirente a promover de imediato a denunciação à lide do alienante –, não haja como aguardar o desfecho da ação de evicção, para só depois promover a ação de indenização. Contudo, nas hipóteses em que a denunciação da lide não é obrigatória a prescrição não correrá enquanto não transitar em julgado a sentença que decidir a ação de evicção.

Há situações, circunstâncias, que suspendem a prescrição. São as *causas suspensivas da prescrição*. São aquelas que sobrevêm depois que a prescrição já iniciou sua marcha e a suspendem, ficando o prazo prescricional paralisado enquanto as causas suspensivas perdurarem, para continuar, novamente, quando elas desaparecerem.[18] A suspensão equivale à paralisação do decurso do prazo enquanto perdurar a situação ou circunstância tomada em consideração pela lei como suspensiva, com a recontagem pelo prazo que sobejar. As causas suspensivas da prescrição estão descritas no art. 198, II e III, do CC – isto é, suspende-se a prescri-

---

16. Idem, p. 154.
17. Idem, p. 155.
18. Idem, p. 158.

ção "contra os ausentes do país em serviço público da União, dos Estados ou dos Municípios" e "contra os que se acharem servindo nas Forças Armadas, em tempo de guerra".[19] O Código não determina a natureza do serviço cometido ao ausente. No entanto, na suspensão da prescrição estariam compreendidos: a) os representantes diplomáticos do Brasil junto aos países estrangeiros; b) os agentes consulares brasileiros no Estrangeiro; c) os adidos militares brasileiros junto a unidades militares estrangeiras; d) os delegados brasileiros em missão oficial em países estrangeiros; e) os comissionados pelo Governo Federal, Estadual ou Municipal para estudos técnicos em países estrangeiros; f) qualquer encarregado, em geral, de serviço de utilidade para os entes que integram a Federação, em país estrangeiro.[20]

Os militares em tempo de guerra também estão livres da prescrição. *Guerra* – conforme definição de Lafayette, citado por Câmara Leal – é o emprego da força física por uma nação para coagir outra a se submeter à solução, que reputa justa, da controvérsia ou litígio entre elas existente. Entretanto, no vocábulo podem ser incluídas as guerras intestinas, de modo que "tempo de guerra" é expressão que compreende a guerra quer externa, quer interna, porque numa como noutra se exige do soldado a mesma concentração de esforços, alheando-o da administração de seus negócios.[21] O militar, para se beneficiar da suspensão da prescrição – na lição de Câmara Leal –, não precisa servir como combatente; basta que tenha sido mobilizado para prestar seus serviços durante a guerra, qualquer que seja a natureza desses serviços. Ainda, segundo o mesmo autor, a suspensão beneficia mesmo o civil que foi mobilizado para os serviços da guerra.[22]

As causas de suspensão são as mesmas de impedimento, só que ocorrentes quando iniciado o curso da prescrição. As hipóteses de sus-

---

19. A legislação extravagante cuida de outras causas impeditivas ou suspensivas, como a decretação da falência ou o deferimento do processamento da recuperação judicial de empresas, que suspendem o curso da prescrição (art. 6º da Lei 11.101, de 9.2.2005) e cujo prazo retomará seu curso a partir da data do trânsito em julgado da sentença que encerrar a falência (art. 157 da Lei 11.101/2005); assim, também, o curso da liquidação extrajudicial de instituições financeiras (art. 18, c/c o art. 27, da Lei 6.024/1974), e o curso do processo de insolvência civil (CPC, art. 777).
20. Antônio Luís da Câmara Leal, *Da Prescrição*..., cit., p. 161.
21. Idem, p. 162.
22. Idem, p. 163.

pensão não destroem o tempo já decorrido da prescrição. Cessada a causa de suspensão, a prescrição retoma seu curso, computado o tempo decorrido. Está é a diferença entre a suspensão e a interrupção da prescrição: enquanto na suspensão, superada a causa obstativa, a prescrição retoma o curso normal, incluído o tempo decorrido antes do fato que deu causa à suspensão, na interrupção o tempo anterior à interrupção é desconsiderado.

Ensina Câmara Leal: "Diferem, ainda, as causas suspensivas das interruptivas. Estas interrompem a prescrição já iniciada, inutilizando todo o curso já decorrido, de modo que, cessada a interrupção, a prescrição novamente se inicia; e aquelas, suspendendo, apenas, o curso prescricional, não destroem o tempo já decorrido antes da suspensão, de modo que, cessada esta, a prescrição continua a correr, computando-se no prazo aquele tempo, ao qual se adiciona o tempo restante para sua consumação. O característico diferencial, portanto, entre as causas suspensivas e as interruptivas consiste em seus efeitos relativamente ao curso da prescrição, por isso que as suspensivas não determinam novo início da prescrição, terminada a suspensão, mas apenas o seu prosseguimento ou continuação; as interruptivas, pelo contrário, fazem com que, cessada a interrupção, o curso não continue em prosseguimento, mas tenha novo início, recomeçando".[23]

A suspensão provoca efeitos. Em relação à ação, a suspensão prescricional impede que ela venha a ser extinta pela inércia do titular durante o tempo em que permanece a causa suspensiva, pouco importando a duração dela. A suspensão preserva o direito protegido pela ação, na medida em que impede que a inércia e o decurso do prazo possam extinguir a ação que o protege. Em relação às partes, a suspensão cria nova relação jurídica pela qual uma adquire o direito à não-extinção de sua ação, enquanto a outra fica impedida de invocar a prescrição contra o titular. Em relação a terceiros a suspensão aproveita a todos os credores solidários, se a obrigação for indivisível (CC, art. 201), e produz seus efeitos contra todos aqueles que estão ligados ao sujeito passivo da ação, e contra os quais a ação poderia ser intentada, isoladamente ou conjuntamente.[24]

23. Idem, p. 158.
24. Idem, pp. 167-171.

A interrupção, presente uma das situações ou circunstâncias previstas em lei, determina o recomeço do prazo prescricional. De acordo com Câmara Leal, "interrupção da prescrição é a cessação de seu curso em andamento, em virtude de alguma das causas a que a lei atribui esse efeito".[25] Estas causas inutilizam a prescrição iniciada, de modo que seu prazo recomeça a correr da data do ato que a interrompeu ou do último processo que a interromper.[26]

Entre as situações ou circunstâncias que interrompem a prescrição podemos mencionar as previstas no art. 202 do CC:

a) o despacho do juiz, mesmo que incompetente, que ordenar a citação, se o interessado a promover no prazo e na forma da lei processual. A citação deve ser válida, pois a citação nula não interrompe a prescrição (art. 219 do CPC). A citação válida em processo regular interrompe a prescrição, recomeçando a contagem do prazo prescricional a partir da sentença que pôs fim ao processo. Se, no entanto, o processo permanecer paralisado por culpa exclusiva do interessado, pode ocorrer o que chamamos de *prescrição intercorrente*, que é o decurso do prazo prescricional mesmo instaurado um processo, desde que este permaneça paralisado por culpa exclusiva do autor;

b) o protesto;

c) o protesto cambial;

d) a apresentação do título de crédito em juízo de inventário ou em concurso de credores;

e) qualquer ato judicial que constitua em mora o devedor;

f) qualquer ato inequívoco, ainda que extrajudicial, que importe reconhecimento do direito pelo devedor.

As causas interruptivas podem ser divididas em *interpelativas*, quando emanadas da atividade judicial do titular do direito que promove a interpelação do sujeito passivo – como a citação, o protesto judicial, o protesto cambial, a habilitação, a constituição em mora (CC, art. 202, I a V) –, e *recognitivas*, quando emanadas de atividade do prescribente (devedor) pelo reconhecimento espontâneo do direito do titular (CC, art. 202, VI).[27]

---

25. Idem, p. 172.
26. Maria Helena Diniz, *Curso de Direito Civil Brasileiro*, vol. 1, p. 203.
27. Antônio Luís da Câmara Leal, *Da Prescrição*..., cit., p. 174.

A interrupção como efeito elimina a prescrição em curso, inutilizando o tempo decorrido desde o nascimento da ação até a sua ocorrência, determinando um novo início prescricional, conforme determina o art. 202, parágrafo único, do CC: "A prescrição interrompida recomeça a correr da data do ato que a interrompeu, ou do último ato do processo para a interromper".

O CC de 2002, no art. 202, limitou a um o número de vezes em que é permitido interromper a prescrição, com o propósito firme de evitar a eternização dos litígios: "A interrupção da prescrição, que somente poderá ocorrer uma vez, (...)". Não acolheu o princípio da sucessividade de interrupções da prescrição da ação, que fora acolhido pelo Código Civil de 1916 e que fora excepcionado pela primeira vez em nosso ordenamento jurídico com o Decreto 20.910, de 6.1.1932, que dispôs que a prescrição qüinqüenal contra o Estado só poderia ser interrompida uma vez.

O efeito da interrupção da prescrição beneficia tão-somente quem a promoveu e prejudica somente aquele contra quem se processa, no caso de haver pluralidade de credores ou devedores (CC, art. 204), exceto nos casos de obrigação solidária (CC, art. 204, § 1º), obrigação indivisível (CC, art. 204, § 2º) ou obrigação principal em relação à acessória (CC, art. 204, § 3º).

2.6 Outras regras aplicáveis à prescrição

A prescrição pode ser argüida por qualquer interessado (art. 203 do CC). O Código Civil de 2002 simplificou a argüição da prescrição, que no art. 174 do CC de 1916 continha a enumeração das pessoas que podiam interromper a prescrição, entre elas o titular do direito, quem legalmente o representasse e o terceiro que tivesse legítimo interesse, como o fiador, o coobrigado ou, indiretamente, o credor do prescribente insolvente.

De acordo com Câmara Leal, "dessa fórmula genérica, empregada pelo legislador, conclui-se, desde logo, que a alegação da prescrição não se restringe ao prescribente, isto é, àquele que se achava diretamente vinculado ao direito do titular e contra o qual a ação seria proponível, se não estivesse extinta pela prescrição; mas se estende, também, a terceiros favorecidos por esta". E prossegue, para afirmar que "só pode argüir a prescrição quem tenha legítimo interesse econômico em seus efeitos liberatórios, pelo proveito patrimonial que lhe proporcionam".[28]

Para o citado autor seriam "interessados diretos": a) o sujeito passivo do direito cuja ação se extinguiu pela prescrição; ou o devedor principal da obrigação prescrita; b) os co-devedores solidários da obrigação extinta pela prescrição; c) os coobrigados em obrigação indivisível prescrita; d) os coobrigados subsidiários, por garantia pessoal, relativamente à obrigação prescrita; e) os herdeiros dos obrigados ou coobrigados diretos acima indicados. E "interessados indiretos": a) o responsável pela evicção, relativamente à coisa cuja evicção se extinguiu pela prescrição; b) o fideicomissário, relativamente, à prescrição da ação tendente a impedir, direta ou indiretamente, os efeitos do fideicomisso; c) os credores do prescribente insolvente; d) qualquer terceiro, relativamente à prescrição da ação, cuja não-extinção lhe acarretaria dano ou prejuízo.[29]

A prescrição não podia ser conhecida de ofício pelo juiz, exceto se favorecesse a pessoa absolutamente incapaz (CC, art. 194). O fundamento desse posicionamento era que, se o legislador conferiu ao prescribente a liberdade de renunciar ao benefício da prescrição, não poderia conferir ao magistrado uma autoridade incompatível com essa liberdade, investindo-o do poder de decretar a prescrição contra a vontade do beneficiário. No entanto, esta regra foi revogada pela disposição superveniente do art. 219, § 5º, do CPC, introduzido pela Lei 11.280, de 16.2.2006, que permitiu ao magistrado decretar a prescrição de ofício. Deve, no entanto, o magistrado possibilitar à parte contrária, que será prejudicada com o reconhecimento de ofício da prescrição, manifestar-se previamente, porque pode ser que tenha ocorrido causa, desconhecida do magistrado, de suspensão ou, mesmo, de interrupção da prescrição.

Se o prescribente for pessoa jurídica ou relativamente incapaz e o representante legal ou o assistente dele omitir-se na alegação oportuna da prescrição, concede-lhe o Código ação de indenização contra eles (CC, art. 195). Com relação ao assistente, oportuna a advertência feita por Fábio Ulhoa Coelho no sentido de que ele não pode, por si, tomar medidas para interromper a prescrição, porque depende da cooperação

---

28. Antônio Luís da Câmara Leal, *Da Prescrição...*, cit., p. 66.
29. Idem, ibidem.

do assistido; de modo que, com relação a ele, basta que alerte o assistido sobre a proximidade da fluência do prazo prescricional em seu desfavor ou da possibilidade de alegar a prescrição em seu favor.[30] "A prescrição iniciada contra uma pessoa continua a correr contra o seu sucessor" (CC, art. 196). O sucessor, no caso, pode ser a título universal (herdeiro) ou a título singular (legatário), salvo se for absolutamente incapaz. Ensina Maria Helena Diniz haver continuidade da prescrição, de modo que a prescrição iniciada contra o sucedido continuará e não recomeçará a correr contra seu sucessor, contando o sucessor somente com o prazo restante para interromper a prescrição.[31]

A prescrição pode ser argüida por meio de ação, por via de exceção e, agora, reconhecida de ofício. A prescrição pode ser alegada durante a instância, isto é, a discussão judicial da causa, em qualquer de seus graus (CC, art. 193) – o que significa que ela pode ser argüida em qualquer fase da causa, em primeira ou em segunda instância. A conseqüência para a tardia alegação de prescrição estaria relacionada à verba de sucumbência, por se entender que, se o réu deixou de alegar a prescrição de imediato, na oportunidade da contestação, seriam indevidos honorários advocatícios.[32] A prescrição, no entanto, não poderá ser suscitada na instância extraordinária, por faltar o necessário prequestionamento exi-

30. Fábio Ulhoa Coelho, *Curso de Direito Civil*, vol. 1, p. 379.
31. Maria Helena Diniz, *Código Civil Anotado*, pp. 204-205: "A prescrição iniciada contra uma pessoa continua a correr contra o seu herdeiro a título universal ou singular, salvo se for absolutamente incapaz. A prescrição iniciada contra o *de cujus* continuará a correr contra seus sucessores, sem distinção entre singulares e universais; logo, continuará a correr contra o herdeiro, o cessionário ou o legatário".
32. Conforme Carlos Roberto Gonçalves (*Direito Civil Brasileiro – Parte Geral*, vol. I, p. 471), *verbis*:
"Pode ser argüida em qualquer fase ou estado da causa, em primeira ou segunda instância. Pode, portanto, ser alegada em qualquer fase do processo de conhecimento, ainda que o réu tenha deixado de invocá-la na contestação, não significando renúncia tácita a falta de invocação na primeira oportunidade em que falar no processo. Considera-se que, se essa defesa não foi, desde o primeiro momento, invocada é porque o réu, provavelmente, teria confiado nos outros meios de defesa – o que não tolhe o efeito da prescrição.
"A única conseqüência da serôdia alegação diz respeito aos ônus da sucumbência: são indevidos honorários advocatícios em favor do réu se este deixou de alegar a prescrição de imediato, na oportunidade da contestação, deixando para fazê-lo somente em grau de apelação, nos termos do art. 22 do CPC."

gido e por esta instância estar proibida de apreciar fatos.[33] Na execução só é alegável a prescrição superveniente à sentença (art. 741, VI, do CPC); e, nos embargos à arrematação ou à adjudicação, a prescrição superveniente à penhora (art. 746 do CPC).

2.7 Renúncia da prescrição

A renúncia da prescrição corresponde à desistência, expressa ou tácita, do direito de invocá-la, feita por aquele a quem ela beneficia.[34] Não se admite a renúncia da prescrição enquanto não houver o transcurso do prazo previsto em lei. Admite-se a renúncia somente após sua consumação, desde que não prejudique terceiro (CC, art. 191). Proíbe-se, portanto, a renúncia prévia da prescrição futura, com o propósito de não elidir a estabilização das relações propiciada pelo instituto da prescrição. Esclarece-nos Câmara Leal:

"Instituto de ordem pública, criado para estabilização do direito tornado incerto pela violação, a prescrição tornar-se-ia ilusória e o instituto desapareceria, praticamente, se fosse permitida sua renúncia prévia.

"Se a convenção renunciatória fosse válida, dizia Bigot-Préameneu, a prescrição não seria mais, para manter a ordem pública, que um meio ilusório; todos aqueles em cujo proveito fossem os contratos não deixariam de exigir essa renúncia.

"A proibição de renunciar à prescrição, não ainda começada, escreve Coviello, tem seu fundamento no caráter de ordem pública atribuído pela lei ao instituto da prescrição: se fosse permitida a renúncia antecipada, bem depressa semelhante pacto se tornaria cláusula de estilo, e os dispositivos da lei em torno da prescrição, introduzida no interesse geral, reduzir-se-iam A letra morta."[35]

33. Conforme Carlos Roberto Gonçalves (*Direito Civil Brasileiro – Parte Geral*, cit., vol. I, p. 471), *verbis*: "Se a prescrição, entretanto, não foi suscitada na instância ordinária (primeira e segunda instância), é inadmissível a sua argüição no recurso especial, perante o STJ, ou no recurso extraordinário, interposto perante o STF, por faltar o prequestionamento exigido nos Regimentos Internos desses Tribunais, que têm força de lei. Dispõe a Súmula 282 do último que 'é inadmissível o recurso extraordinário quando não ventilada, na decisão recorrida, a questão federal suscitada'. Igualmente no tocante à ação rescisória".
34. Antônio Luís da Câmara Leal, *Da Prescrição*..., cit., p. 50.
35. Idem, p. 51.

Câmara Leal admite, no entanto, como válida a renúncia no curso da prescrição, pois, para ele, é possível e válida a renúncia antes de consumada a prescrição, mas depois de começada:

"Dizendo nossa lei que a renúncia só será válida depois que a prescrição se consumar, proíbe também a renúncia no curso da prescrição? "Aparentemente, essa seria a interpretação literal do texto. Mas um estudo comparativo de seus preceitos prescricionais nos conduz a uma conclusão negativa, tornando possível e válida a renúncia antes de consumada a prescrição, mas depois de começada."[36]

O ato de renúncia exige agente capaz, porquanto implica, em última análise, assumir uma obrigação privada de exigibilidade. Esclarece Câmara Leal: "Se a prescrição, pela consumação do prazo, extingue a ação do titular e o priva, portanto, do seu direito por ela protegido, é claro que a extinção do direito do titular produz, necessariamente, a extinção da obrigação correlativa de seu adversário. Uma vez extinta, desaparece a obrigação. Se, não obstante, o prescribente renuncia à prescrição e dá validade a uma obrigação extinta, é claro que seu ato importa em assumir, de novo, a obrigação extinta, e, conseguintemente, em liberalidade, porque faz nascer para o titular um direito que ele já havia perdido, e a cujo reconhecimento já não estava mais obrigado. Assumir, espontaneamente, obrigação a que não corresponde um direito, por parte do sujeito ativo, é liberalidade".[37]

A renúncia é ato pessoal e produz efeitos em relação ao renunciante e seus herdeiros. A renúncia pode ser expressa – e, neste caso, é declarada de forma direta pelo prescribente, embora esta declaração não tenha forma especial e possa ser feita por todos os meios admitidos em Direito. A renúncia pode ser tácita – ocorre quando o prescribente, conhecendo a prescrição, pratica ato incompatível com ela, isto é, ato que importe o reconhecimento do direito cuja ação está prescrita, como o pagamento espontâneo integral ou parcial da dívida prescrita; o pedido de prazo para pagamento da dívida prescrita; a outorga ao credor de garantia real ou fidejussória.[38]

Não se admite a alteração dos prazos prescricionais por acordo das partes (CC, art. 192).

36. Idem, ibidem.
37. Antônio Luís da Câmara Leal, *Da Prescrição...*, cit., p. 58.
38. Idem, pp. 56-57.

2.8 Efeitos da prescrição em relação às pessoas

Todas as pessoas, naturais ou jurídicas, estão sujeitas à prescrição. O Código excepciona esta regra ao disciplinar, nos arts. 197 a 200, as causas que impedem a prescrição em relação a certas e determinadas pessoas.

A prescrição produz efeitos ativos e passivos. Os *ativos* são os efeitos produzidos em relação às pessoas por ela beneficiadas; e os *passivos* são os efeitos que se produzem em relação às pessoas por ela prejudicadas.

2.9 Prazos prescricionais

Os prazos prescricionais são ordinários ou comuns e especiais.

Os *prazos ordinários ou comuns* estão previstos no art. 205 do CC, de modo que as ações, na falta de prazo menor, prescrevem em 10 anos. Cuida-se, portanto, de prazo subsidiário.[39] Os *prazos especiais* estão previstos nos arts. 206 e ss. e são ânuo, bienal, trienal, quadrienal e qüinqüenal. Há também ações imprescritíveis, como as que versam sobre direitos da personalidade (vida, honra, nome, liberdade, intimidade); o estado da pessoa (como filiação, condição conjugal, cidadania), salvo os direitos patrimoniais dele decorrentes; bens públicos; direito de família no que concerne a alimentos; regime de bens; a pretensão do condômino de a qualquer tempo dividir a coisa comum, pedir-lhe a venda.

3. Decadência

3.1 Conceito

Decadência é a ação de cair ou o estado daquilo que caiu.[40] No campo jurídico indica a queda ou o perecimento de um direito pelo de-

---

39. Maria Helena Diniz, *Código Civil Anotado*, cit., p. 213.
40. De acordo com Antônio Luís da Câmara Leal (*Da Prescrição...*, cit., p. 99), "'decadência' é vocábulo de formação vernácula, tendo, porém, como étimo remoto o verbo latino *cadere* – 'cair'. É formado pelo prefixo latino *de* ('de cima de'), pela forma verbal *cado*, de *cadere*, e pelo sufixo 'ência', do Latim *entia*, que de denota ação ou estado. Literalmente, pois, decadência é a ação de cair ou o estado daquilo que caiu".

curso do prazo fixado para seu exercício sem que o titular o tenha exercido. Câmara Leal define-a como "a extinção do direito pela inércia de seu titular, quando sua eficácia foi, de origem, subordinada à condição de seu exercício dentro de um prazo prefixado, e este se esgotou sem que esse exercício se tivesse verificado".[41] Para Carlos Roberto Gonçalves, "na decadência há a perda de um direito previsto em lei. O legislador estabelece que certo ato terá que ser exercido dentro de um determinado tempo, fora do qual ele não poderá mais efetivar-se, porque dele decaiu o seu titular. A decadência se consubstancia, pois, no decurso infrutífero de um termo prefixado para o exercício do direito. O tempo age em relação à decadência como um requisito do ato, pelo quê a própria decadência é a sanção conseqüente da inobservância do termo".[42]

Desta forma, na decadência, diferentemente da prescrição, o direito de ação configura o meio de exercer o direito, e não o meio de reparar o direito. Logo, decai do direito o agente que permanece inerte pelo prazo que a lei fixou para que ele o exercitasse, mediante a propositura de ação.

A partir dessa compreensão do fenômeno da decadência são estabelecidas, como visto, algumas diferenças entre a decadência e a prescrição. Entre os traços distintivos a doutrina aponta o objeto. A decadência teria por objeto o direito; ela é estabelecida em relação ao direito; ocorrendo a decadência, ela tem por função extingui-lo. A prescrição teria por objeto a ação; ela extinguiria o direito de ação, e obliquamente o próprio direito.

Outro traço distintivo é o termo inicial da contagem do prazo, diverso para ambos os institutos. O prazo decadencial começaria a ser contado do momento em que nasce o direito para o titular, enquanto o prazo prescricional começaria a ser contado do momento em que o direito da pessoa é violado, ameaçado ou desrespeitado.

Outro traço residiria na diferença de natureza do direito extinto. O direito extinto com a decadência não chega a se tornar efetivo, pela

---

41. Antônio Luís da Câmara Leal, *Da Prescrição*..., cit., p. 101.
42. Carlos Roberto Gonçalves, *Direito Civil Brasileiro – Parte Geral*, cit., vol. I, p. 483.

falta de exercício, enquanto o direito eventualmente extinto com a prescrição nasce e se efetiva, perecendo por ausência de proteção, pela ação, da violação sofrida.[43]

Há autores – como Agnelo Amorim Filho – que discordam desse critério diferenciador residente no campo de incidência de cada um dos institutos – ação e direito –, por entenderem que o que se deseja saber, precisamente, é quando o prazo extintivo atinge a ação ou o direito. Desta forma, citado autor, com base na distinção formulada por Chiovenda entre *direitos a uma prestação* – isto é, direitos tendentes a um bem da vida a se conseguir, antes de tudo, mediante a prestação positiva ou negativa de outros – e *direitos potestativos* – isto é, direitos tendentes à modificação do estado jurídico existente –, sustenta que apenas os direitos a uma prestação conduzem à prescrição, pois somente eles são suscetíveis de lesão ou de violação e somente eles dão origem a pretensões, enquanto os direitos potestativos somente dariam ensejo à decadência. Para ele, a decadência seria a extinção de um direito em virtude do seu não-exercício, e "os únicos direitos para os quais podem ser fixados prazos de decadência são os direitos potestativos, e, assim, as únicas ações ligadas ao instituto da decadência são as ações constitutivas, que têm prazo especial de exercício fixado em lei".[44] Desta forma, a decadência seria a perda do direito potestativo pela falta de exercício em tempo prefixado.[45]

3.2 Espécies

Nós temos duas espécies de decadência. Uma chamada *legal*, porque estipulada em lei, a partir de critérios considerados de ordem pública; e outra *convencional ou negocial*, porque livremente pactuada pelas partes de um negócio jurídico.

---

43. Antônio Luís da Câmara Leal, *Da Prescrição*..., cit., pp. 100-101.
44. Agnelo Amorim Filho, "Critério científico para distinguir a prescrição da decadência...", cit., *RT* 300/23.
45. Este é o conceito adotado por Caio Mário da Silva Pereira (*Instituições de Direito Civil*, cit., 20ª ed., vol. I): "Decadência é o perecimento do direito potestativo, em razão do seu não-exercício em um prazo predeterminado".

3.3 Regime jurídico

A decadência segue regras diversas da prescrição. Primeiro, ela pode ser conhecida de ofício pelo magistrado, desde que seja decadência prevista em lei, não havendo necessidade de que o interessado a alegue (CC, art. 210). A decadência prevista por vontade das partes não pode ser conhecida de ofício pelo magistrado, cabendo à parte a quem ela aproveita alegá-la em qualquer grau de jurisdição (CC, art. 211). A decadência que resulta de prazo fixado pelo legislador não pode ser renunciada pelas partes, nem antes e nem depois de consumada (CC, art. 209). Depois, não seria possível impedir, suspender ou interromper o prazo de decadência, operando-se a caducidade do próprio direito se ele não for exercido no prazo fixado em lei (CC, art. 207).

Na decadência, a rigor, atende-se somente ao fato objetivo da inércia durante um certo lapso de tempo, em nada influindo a situação das pessoas. Essa regra, absoluta a princípio, hoje se tornou relativa, pois o próprio art. 207 do CC refere a expressão "Salvo disposição legal em contrário, (...)". O Código Civil excepciona a regra *supra* no caso de pessoa absolutamente incapaz. Contra o absolutamente incapaz não corre prazo de decadência (CC, art. 208). O Código de Defesa do Consumidor, no art. 26, § 2º, tratando da decadência, admite que ela seja suspensa pela reclamação formulada pelo consumidor e pela instauração de inquérito civil.

A decadência pode ser argüida em qualquer estado da causa e em qualquer instância. Pode argüir a decadência quem tem legítimo interesse – que, no caso, pode ser o réu, os sucessores do réu ou outras pessoas a quem a eficácia do direito decaído acarrete prejuízo, significando a argüição da decadência a possibilidade de afastar esse prejuízo.

3.4 Prazos de decadência

Na sistemática inaugurada pelo Código Civil de 2002 os prazos de prescrição foram separados dos prazos de decadência. Os prazos de prescrição foram localizados na Parte Geral, e os prazos de decadência foram localizados uns poucos na Parte Geral e os demais na Parte Especial. A solução, embora louvável, não resolve todos os problemas, pois eles persistiriam no que diz respeito à chamada legislação extravagante.

4. Prescrição, decadência e preclusão

Há necessidade, ainda, de distinguir os institutos da prescrição e da decadência do instituto da *preclusão*. Na preclusão não ocorre nem a perda do direito de ação, nem a perda de um direito, mas, tão-somente, a perda da oportunidade de praticar um ato dentro do processo. Assim, se a parte intimada a se manifestar sobre um documento não o faz, ocorre a denominada *preclusão*.

Capítulo 12
PROVA

1. Conceito de "prova". 2. Preceitos fundamentais da teoria das provas: 2.1 Princípio do ônus da prova – 2.2 Princípio da necessidade da prova – 2.3 Princípio da contradição da prova. 3. Sistemas de avaliação da prova. 4. Provas em espécie: 4.1 Depoimento pessoal e confissão – 4.2 Prova documental: 4.2.1 Classificação – 4.2.2 Documentos equivalentes – 4.2.3 Momento da produção da prova documental – 4.3 Prova testemunhal: 4.3.1 Admissibilidade da prova testemunhal. 4.4 Prova pericial.

1. Conceito de "prova"

Prova, de acordo com Clóvis Beviláqua, em Direito, é o conjunto dos meios empregados para demonstrar, legalmente, a existência de um ato jurídico. Para o citado autor, a prova deve: ser *admissível*, isto é, não proibida e aplicável ao caso em questão; ser *pertinente*, isto é, adequada à demonstração dos fatos e à aplicabilidade dos princípios de Direito invocados; *concludente*, quer dizer, há de trazer esclarecimento ao ponto questionado ou confirmar alegações feitas.[1]

2. Preceitos fundamentais da teoria das provas

A teoria das provas obedece a alguns preceitos fundamentais.

---

1. Clóvis Beviláqua, *Código Civil dos Estados Unidos do Brasil Comentado*, vol. I, p. 388.

2.1 Princípio do ônus da prova

À parte que alega a existência de determinado fato, para deduzir a existência de algum direito, incumbe o ônus de demonstrar sua existência. O ônus da prova é conseqüência do ônus de afirmar (CPC, art. 333). A necessidade de disciplinar o ônus da prova decorre do princípio geral vigente no Direito Moderno segundo o qual o juiz não pode eximir-se do dever de decidir a causa, mesmo em caso de dúvida invencível.

2.2 Princípio da necessidade da prova

Os fatos afirmados pelas partes hão de ser suficientemente provados no processo, não sendo legítimo que o juiz se valha do seu conhecimento privado para dispensar a produção de prova de algum fato de cuja existência ou veracidade esteja ele ciente por alguma razão particular. Dois provérbios latinos sustentam a regra da necessidade da prova: "O juiz só deve decidir com base nos fatos alegados e provados pelas partes" (*Iudex secundum allegata et probata a partibus iudicare debet*) e o outro, que declarara: "O que não está no processo não está no mundo" (*Quod non est in actis non est in hoc mundo*). No entanto, há restrições no Direito Moderno à aplicação desse princípio, que pode ser excepcionado pela aplicação, pelo juiz, das *regras de experiência*, subministradas pela observação do que ordinariamente acontece, e no caso dos denominados *fatos notórios*.

2.3 Princípio da contradição da prova

A parte contra quem se produza prova tem o direito de dela conhecer antes que o juiz a utilize como elemento de convicção em sua sentença; deve ter igualmente o direito de impugná-la e produzir contraprova se puder, por este meio, invalidá-la.

3. Sistemas de avaliação da prova

Temos ao longo da história o desenvolvimento de alguns sistemas de avaliação da prova. Um deles, denominado *sistema da prova legal*, foi abandonado pelo Direito Moderno. Nesse sistema cada prova tem um valor inalterável e constante, previamente estabelecido pela lei, não sendo lícito ao juiz valorar cada prova segundo critérios pessoais e subjetivos de convencimento, de modo diverso daquele que lhe tenha sido determinado pela lei. Este sistema, embora abandonado, deixou seqüelas no nosso, como no caso da *presunção de veracidade dos fatos decorrente da revelia* e nas restrições opostas pelo Código ao depoimento de menores ou pessoas que a lei considera suspeitas ou impedidas de depor, como prevê o art. 228 do CC.

O outro, denominado *sistema do livre convencimento*, oposto ao sistema anterior, confere ao magistrado ampla liberdade para formar sua convicção a respeito dos fatos da causa, permitindo-lhe basear-se em suas impressões pessoais, sem haver qualquer limitação aos meios de prova de que o juiz se pode valer, nem restrições especiais quanto à origem ou qualidade de certas provas.

Outro, ainda, é o *sistema de persuasão racional*, que se apresenta como um sistema intermediário entre o sistema da prova legal e o sistema do livre convencimento, ao impor ao juiz a observância de certas regras lógicas e das máximas de experiência comum, considerando ilegítima, por exemplo, uma convicção que o juiz haja formado exclusivamente com base numa intuição pessoal, incapaz de ser justificada segundo regras lógicas e de senso comum. O juiz tem o dever de fundamentar sua decisão e indicar os motivos e as circunstâncias que o levaram a admitir a veracidade dos fatos em que baseou sua decisão. Dele decorre a faculdade de iniciativa probatória que se reconhece, com bastante largueza, ao julgador, como, por exemplo, nos arts. 342, 343 e 355 do CPC.

4. Provas em espécie

O art. 212 do CC admite que, salvo a hipótese de forma especial, o fato jurídico pode ser provado mediante confissão, documento, testemunha, presunção e perícia.

4.1 Depoimento pessoal e confissão

O *depoimento pessoal* é o testemunho prestado em juízo por quem é parte na própria causa. Ele pertence ao mesmo gênero da prova testemunhal, mas dela se distingue.

O depoimento pessoal pode ocorrer por convocação do magistrado para que a parte preste esclarecimentos "sobre fatos da causa", conforme prevê o art. 342 do CPC. Neste caso, o juiz não visa a obter a confissão, mas esclarecer-se a respeito de fatos da causa. Denomina-se *interrogatório livre ou informal* (*interrogatio ad clarificandum*), por meio do qual se permite que o magistrado tenha acesso direto aos fatos da causa, sem a intermediação dos procuradores das partes, possibilitando-lhe, assim, o conhecimento da controvérsia em toda a sua pureza originária, sem os retoques dialéticos preparados pelos advogados.

O depoimento pessoal pode ocorrer, também, por requerimento da parte contrária. A finalidade desse meio de prova é obter do depoente a *confissão*, isto é, que ele confirme a veracidade dos fatos articulados por seu adversário e que lhe sejam desfavoráveis. Define-se o depoimento pessoal como o meio de prova cuja finalidade é fazer com que a parte que o requereu obtenha a confissão, espontânea ou provocada, da parte contrária sobre fatos relevantes à solução da causa. Pode ser requerido pela parte ou pelo juiz, de ofício, nos termos do art. 343 do CPC. Admite-se o depoimento prestado por mandatário com poderes especiais para depor e confessar. *Confessar*, por sua vez, é admitir como verdadeiro um fato ou conjunto de fatos desfavoráveis à posição processual do confitente e favoráveis à pretensão do adversário (art. 348 do CPC). A confissão só pode ter por objeto os fatos: a existência de um direito ou de uma relação jurídica não pode ser objeto de confissão. A aceitação como verdadeira da existência de uma dada relação jurídica não configura uma confissão, mas o reconhecimento ou a admissão. O juiz, no entanto, não se vincula ao reconhecimento que a parte faça da existência de uma determinada relação jurídica. O juiz pode rejeitar a qualificação jurídica dada por ambas às partes.

Há, no caso da confissão, prova legal a que o juiz se acha vinculado, tanto como no caso do art. 319 do CPC. A confissão faz prova contra o confitente. Aliás, de outra forma não poderia dispor o Código, diante de seu sistema quanto ao valor probatório da revelia e da não-impugnação específica dos fatos.

São elementos essenciais da confissão a capacidade da parte, a declaração de vontade e o objeto possível. Desta forma, não vale a confissão feita: (a) por quem não tenha a livre administração de sua pessoa e bens, em virtude de incapacidade do confitente ou em virtude da lei (art. 350, parágrafo único, do CPC e art. 213 do CC); (b) sobre fato que respeite a direitos indisponíveis (art. 351 do CPC); (c) com vício de forma (art. 353 e parágrafo único do CPC).

A confissão pressupõe:

a) intimação pessoal; a aplicação da pena de confesso exige a intimação pessoal da parte;

b) capacidade; a parte deve ser capaz de entender o risco da confissão ficta, que a lei lhe impõe;

c) advertência; a parte deve ser previamente advertida do risco de aplicação da pena. Do mandado de intimação deve constar que "se presumirão confessados os fatos contra ela alegados, caso não compareça ou, comparecendo, se recuse a depor" (art. 343, § 1º, do CPC).

O art. 354 do CPC consagra o velho princípio da indivisibilidade da confissão, ao dispor ser ela, em regra, indivisível, no sentido de não poder "a parte, que a quiser invocar como prova, aceitá-la no tópico que a beneficiar e rejeitá-la no que lhe for desfavorável".

A confissão pode ser *judicial* ou *extrajudicial*. "A confissão judicial pode ser espontânea ou provocada. (...)" (art. 349 do CPC). A confissão judicial pode ser escrita ou oral, reduzida a termo. A confissão pode ser expressa, ficta ou presumida. Nesta última, reputar-se-ão verdadeiros os fatos afirmados pelo autor decorrentes da revelia ou se não houver o comparecimento da parte regularmente intimada para prestar depoimento pessoal ou se a que comparecer se recusar a depor.

4.2 Prova documental

O documento é um objeto corporal, produto da atividade humana, que conserva os vestígios que, através da percepção de sinais gráficos sobre ele impressos ou por meio da luz ou do som que possa produzir, é capaz de representar, de modo permanente, a quem o observe um fato existente fora de seu conteúdo. Documento é uma coisa que *doce* (do latim *docere* = ensinar), isto é, tem em si a virtude de fazer conhecer.

4.2.1 Classificação

Quanto à origem os documentos podem ser públicos ou privados, conforme sejam produzidos por servidores públicos ou elaborados por particulares.

O conceito de *documento público* abrange o instrumento público e o documento público. Instrumento público é a composição redigida em linguagem escrita, por oficial público, no exercício e de acordo com as atribuições próprias de seu cargo, com o fito de preservar e provar fato, ato ou negócio jurídico em virtude de cuja existência foi confeccionado e em virtude de cuja validade é necessária sua confecção, como prevê o art. 215 do CC. Documentos públicos são escritos elaborados por oficial público sem o fito de servir de prova, mas podendo, eventualmente, assim ser utilizados.

O conceito de *documento particular* abrange o instrumento particular e o documento particular. O instrumento particular é o que é feito e assinado, ou somente assinado, por quem esteja na disposição e administração livre de seus bens, sendo subscrito por duas testemunhas (CC, art. 221).

"As declarações constantes de documentos assinados presumem-se verdadeiras em relação aos signatários" (CC, art. 219, *caput*). Segundo Renan Lotufo, este dispositivo conserva uma presunção que provém do direito comum dos povos, pois é de presumir que quem assinou um documento previamente o leu e o deu por conforme à sua vontade.[2] O parágrafo único do art. 219 do CC, no entanto, ressalva que essa presunção não é aplicável às declarações enunciativas que não tenham relação direta com as disposições principais ou com a legitimidade das partes.

"Os livros e fichas dos empresários e sociedades provam contra as pessoas a que pertencem, e, em seu favor, quando, escriturados sem vício extrínseco ou intrínseco, forem confirmados por outros subsídios" (art. 226 do CC). Conforme observa Renan Lotufo, sempre foi da tradição brasileira a admissão como prova dos livros de escrituração comercial, mas o Código de 1916 não fez referência a tal espécie, dada sua natureza comercial. Agora, diante de um Código que visou à unificação das obrigações, houve a inclusão desse dispositivo, que é mais amplo e complexo que o art. 378 do CPC, por estabelecer que a prova advinda de livros e fichas comerciais pode produzir efeitos tanto contra o autor destes como contra terceiros.[3]

2. Renan Lotufo, *Código Civil Comentado – Parte Geral*, vol. 1, p. 577.
3. Idem, p. 587.

Para produzir efeitos jurídicos, documentos públicos ou documentos particulares redigidos em idioma estrangeiro necessitam ser traduzidos para o português (CC, art. 224) por tradutor juramentado que goze de fé pública; e a respectiva tradução deve ser registrada no Cartório de Títulos e Documentos, conforme determina o art. 148 da Lei de Registros Públicos.

4.2.2 Documentos equivalentes

Têm o mesmo valor probante que os documentos originais as certidões textuais – isto é, integrais, *verbo ad verbus* – "de qualquer peça judicial, do protocolo das audiências, ou de outro qualquer livro a cargo do escrivão, sendo extraídas por ele, ou sob a sua vigilância, e por ele subscritas, assim como os traslados de autos" – isto é, cópias – "quando por outro escrivão consertados" [*cotejados ou conferidos*] (CC, art. 216).

Também terão a mesma força probante as cópias e certidões, extraídas por tabelião ou oficial de registro, de instrumentos ou documentos lançados em suas notas (CC, art. 217).

Os traslados e as certidões serão considerados instrumentos públicos se os originais foram produzidos em juízo como prova de algum ato (CC, art. 218). Neste sentido, Renan Lotufo afirma que este dispositivo considera os traslados e as certidões como documentos originais se produzidos em autos de processo judicial, como prova de algum ato.[4]

"A cópia fotográfica de documento, conferida por tabelião de notas, valerá como prova de declaração da vontade, (...)" (CC, art. 223, primeira parte). A impugnação da cópia autenticada, no entanto, retira-lhe a força probante, de modo que o original deverá ser exibido (CC, art. 223, segunda parte).

Também "as reproduções fotográficas, cinematográficas, os registros fonográficos e, em geral, quaisquer outras reproduções mecânicas ou eletrônicas de fatos ou de coisas fazem prova plena destes, se a parte, contra quem forem exibidos, não lhes impugnar a exatidão" (CC, art. 225).

---

4. Idem, p. 576.

4.2.3 Momento da produção da prova documental

A prova documental preexiste à lide e deve acompanhar a inicial (CPC, art. 283) ou a contestação (CPC, art. 297), se for indispensável à propositura da ação ou à defesa do réu (CPC, art. 396). Depois, pode a parte "juntar aos autos documentos novos, quando destinados a fazer prova de fatos ocorridos depois dos articulados, ou para contrapô-los aos que foram produzidos nos autos" (CPC, art. 397).

Uma vez obedecidos os princípios da lealdade processual e da estabilização da lide, a jurisprudência tem admitido a juntada de documentos sem as restrições dos arts. 396 e 397 do CPC (*Boletim da AASP* 1.737, supl., p. 5). A parte contrária deve necessariamente ser ouvida da juntada de documentos nos autos (CPC, art. 398). A inobservância deste artigo pode acarretar a nulidade do processo se o documento influir no julgamento. Portanto, não há nulidade se o documento se apresenta como irrelevante para o deslinde da causa.

4.3 Prova testemunhal

Prova testemunhal é a que se obtém através de declaração prestada em juízo por pessoa estranha ao litígio a respeito de fatos percebidos pelos sentidos. As testemunhas depõem sobre fatos de que tiveram ciência *ocasionalmente*, e que são fatos da experiência comum, que possam ser percebidos independentemente de qualquer habilitação técnica ou científica especial.

Apenas pessoas físicas podem prestar depoimento, pois, sendo o testemunho a narração de um fato percebido através dos sentidos e reproduzido, depois, perante o juiz, somente um ser capaz de percepção e dotado de memória poderá desempenhar a função que se exige da testemunha.

Somente os terceiros que não sejam partes no litígio poderão ser testemunhas, exceto quando se trate de litisconsórcio facultativo comum, determinado por simples afinidades de questões de fato ou de direito.

4.3.1 Admissibilidade da prova testemunhal

O Código de Processo Civil mantém inúmeras restrições à admissibilidade da prova testemunhal, que podem ser indicadas como vestígios ainda existentes do antigo sistema de prova legal. O art. 405 declara não poderem depor como testemunhas os incapazes, as pessoas impedidas e as consideradas suspeitas – dispositivo que foi reproduzido parcialmente no art. 228 do CC. As pessoas impedidas ou suspeitas poderão ser ouvidas sempre que o juiz considere estritamente necessários seus depoimentos, as quais, no entanto, deporão como simples informantes, sem prestar o compromisso a que alude o art. 415 do CPC. Também não se admite prova testemunhal (art. 400) quando a inquirição disser respeito a fatos já provados por documentos ou confessados ou, ainda, que só por documento ou por exame pericial puderem ser provados.

Como as demais provas, também a testemunhal deve ser requerida, salvo exceções raras, na petição inicial, quando for o autor a pretender produzi-la, e na contestação, quando for o réu quem a pretenda (arts. 282, VI, e 300 do CPC). O mero protesto pela produção de provas nada vale; não significa, de modo algum, o requerimento de provas imposto por lei tanto ao autor quanto ao réu.

O fornecimento ao juízo do nome e qualificação das testemunhas deve ser feito no prazo que o juiz fixar ao designar a data da audiência (art. 407 do CPC), salvo no procedimento sumário, visto que o art. 276 obriga o autor a arrolar testemunhas.

Em regra, as testemunhas serão ouvidas na audiência de instrução e julgamento. Esta regra é excepcionada nos casos: (a) em que as testemunhas prestaram depoimento antecipadamente; (b) em que deva a testemunha ser inquirida por carta em local diferente daquela comarca onde a causa se processa; (c) em que, por doença ou por outro motivo relevante, estejam as testemunhas impossibilitadas de comparecer em juízo; (d) em que as testemunhas forem alguma das pessoas indicadas pelo art. 411 do CPC, que serão inquiridas em sua residência, em vez de comparecerem, como as demais testemunhas, ao recinto do fórum para prestar depoimento.

Antes de depor, a testemunha será qualificada: declarará seu nome, profissão, residência e estado civil, e se tem relação de parentesco com a parte ou interesse no objeto do processo (CPC, art. 414). Nesta oportunidade é que a parte poderá contraditar a testemunha. A contradita deve ser argüida logo após a qualificação da testemunha e até o momento imediatamente anterior ao início do depoimento. Iniciado o depoimento, estará preclusa a faculdade contraditar a testemunha. O juiz decidirá a contradita. Rejeitada, a testemunha prestará compromisso. A testemunha compromissada tem o dever de dizer a verdade, sob pena de cometer o crime de falso testemunho (CPC, art. 415). Admitida a contradita, mesmo assim o juiz poderá ouvi-la como informante, dispensado o compromisso. Quando é dispensado o compromisso não há o dever de dizer a verdade.

O juiz interrogará a testemunha e admitirá reperguntas, primeiro à parte que a arrolou, depois à parte contrária e por último ao Ministério Público. Pelo princípio da imediação, as partes e o Ministério Público não reperguntam diretamente às testemunhas, mas o fazem por intermédio do juiz (CPC, art. 413).

Estão dispensadas de depor as pessoas que, sobre o fato, por estado ou profissão, devam guardar segredo; não possam responder, sem desonra própria, de seu cônjuge, parente em grau sucessível ou amigo íntimo; não possam responder sem se expor pessoalmente ou às pessoas referidas na proposição antecedente a perigo de vida, de demanda ou de dano patrimonial imediato (CC, art. 229). Na primeira hipótese temos a preservação do dever profissional de sigilo, imposto a diversos profissionais, entre eles o advogado, o médico e o sacerdote. Na segunda hipótese temos, em razão da preservação da dignidade da pessoa humana, a dispensa do dever de depor. E na terceira hipótese temos dispensa em virtude do propósito de preservar a vida e o patrimônio.

4.4 Prova pericial

A prova pericial só terá lugar quando o fato probando exigir conhecimentos especiais de natureza técnica ou científica, sendo imprópria para a demonstração da existência de fatos capazes de serem conhecidos e descritos pelas pessoas comuns através de sua experiência social ordinária. É aquela realizada por peritos sempre que o fato depender de conhecimentos técnicos ou científicos.

A prova pericial é a prova destinada a levar ao juiz elementos sobre algum fato que dependa de conhecimentos especiais de ordem técnica. Temos como espécie do gênero "prova pericial" o *exame*, a inspeção feita por perito sobre pessoas, coisas móveis, semoventes, inclusive documentos e escritas comerciais; a *vistoria*, que é a verificação que o perito faz sobre imóveis; e o *arbitramento*, que corresponde a avaliações.

A função de perito somente pode ser desempenhada por profissionais de nível universitário que estejam devidamente inscritos no órgão de classe competente, a não ser nas localidades onde não houver profissional qualificado, caso em que caberá ao juiz a livre escolha do perito (CPC, art. 145).

O CC, no art. 231, estabelece que "aquele que se nega a submeter-se a exame médico necessário não poderá aproveitar-se de sua recusa". E no art. 232 prevê que "a recusa à perícia médica ordenada pelo juiz poderá suprir a prova que se pretendia obter com o exame". No primeiro dispositivo nós temos a aplicação do princípio geral de Direito que proíbe alguém aproveitar-se da própria torpeza; e, deste modo, aquele que se nega a se submeter a exame médico necessário não pode aproveitar-se de sua recusa alegando, por exemplo, insuficiência de provas. Contudo, nem sempre a negativa da parte em realizar o exame ocorre como forma de se furtar ao cumprimento de uma obrigação, lembrando que em certos casos a recusa pode se dar por questões religiosas; e nessas hipóteses não se aplica a proibição do uso do argumento da falta de provas. No segundo caso o magistrado estaria autorizado a interpretar a negativa de se submeter à perícia médica como presunção de admissão da veracidade dos fatos que se pretendia provar com o exame.

BIBLIOGRAFIA

AGUIAR DIAS, José de. *Responsabilidade Civil*, vol. I. Rio de Janeiro, Forense.

ALMEIDA, Silmara J. A. Chinelato. "O nascituro no Código Civil e no nosso direito constituendo". In: BITTAR, Carlos Alberto (coord.). *O Direito de Família e a Constituição de 1988*. São Paulo, Saraiva.

ALVIM, Agostinho. *Da Inexecução das Obrigações e suas Conseqüências*. São Paulo, Saraiva.

AMORIM FILHO, Agnelo. "Critério científico para distinguir a prescrição da decadência e para identificar as ações imprescritíveis", *RT* 300/7-37. São Paulo, Ed. RT.

AZEVEDO, Antônio Junqueira de. *Negócio Jurídico: Existência, Validade e Eficácia*. 4ª ed. São Paulo, Saraiva, 2002.

BANDEIRA DE MELLO, Celso Antônio. *Curso de Direito Administrativo*. 26ª ed. São Paulo, Malheiros Editores, 2009.

BARROS MONTEIRO, Washington de. *Curso de Direito Civil*, vols. 1 e 4. 21ª ed. São Paulo, Saraiva, 1982.

BEVILÁQUA, Clóvis. *Código Civil dos Estados Unidos do Brasil Comentado*, vol. I. Rio de Janeiro, Ed. Rio.

BITTAR, Carlos Alberto (coord.). *O Direito de Família e a Constituição de 1988*. São Paulo, Saraiva.

CABRAL DE MONCADA, Luís. *Lições de Direito Civil*. 4ª ed. Coimbra, Livraria Almedina, 1995.

CAHALI, Yussef Said. *Fraude Contra Credores*. 1ª ed., 2ª tir. São Paulo, Ed. RT, 1990; 2ª ed. São Paulo, Ed. RT, 1999.

CALDAS, Pedro Frederico. *Vida Privada, Liberdade de Imprensa e Dano Moral*. São Paulo, Saraiva, 1997.

CÂMARA LEAL, Antônio Luís da. *Da Prescrição e da Decadência*. 3ª ed. Rio de Janeiro, Forense, 1978.

CAPELO DE SOUSA, Rabindrhanat V. A. *O Direito Geral de Personalidade*. Coimbra, Coimbra Editora, 1995.

CHAVES, Antônio. "Associação civil". In: *Enciclopédia Saraiva de Direito*, vol. 8. São Paulo, Saraiva.

COELHO, Fábio Ulhoa. *Curso de Direito Civil*, vols. 1 e 2. São Paulo, Saraiva, 2003.

COLLADO, Pedro Escribano. *La Propiedad Privada Urbana*. Madrid, Montecorvo.

CORDEIRO, António Menezes. *Tratado de Direito Civil Português – Parte Geral*, vol. I, t. I. Coimbra, Livraria Almedina, 1999.

COUTO E SILVA, Clóvis do. *A Obrigação como Processo*. Rio de Janeiro, FGV Ed., 2006.

DANTAS, San Tiago. *Programa de Direito Civil*. Edição histórica, taquigrafada por Victor Bourhis Jürgens, revista e atualizada por Gustavo Tepedino e outros. 3ª ed. Rio de Janeiro, Forense, 2001.

DE CUPIS, Adriano. *Os Direitos da Personalidade*. Lisboa, Livraria Moraes Editora, 1961.

DE PLÁCIDO E SILVA, O. J. *Vocabulário Jurídico*. Rio de Janeiro, Forense.

DI PIETRO, Maria Sylvia Zanella. *Direito Administrativo*. 10ª ed. São Paulo, Atlas, 1999.

DIAS, Valério Rodrigues. *O Conceito de Prescrição Aplicável aos Principais Institutos de Direito Administrativo*. Dissertação de Mestrado em Direito Administrativo apresentada na PUC/SP. São Paulo.

DINIZ, Maria Helena. *Código Civil Anotado*. 10ª ed. São Paulo, Saraiva, 2004.

_____. *Curso de Direito Civil Brasileiro*, vols. 1: *Teoria Geral do Direito Civil* e 2: *Teoria Geral das Obrigações*. 24ª ed. São Paulo, Saraiva, 2007.

DOBSON, Juan M. *El Abuso de la Personalidad Jurídica (en el Derecho Privado)*. 2ª ed. Buenos Aires, Depalma, 1991.

DUGUIT, Léon. *Les Transformations Générales du Droit Privé depuis le Code Napoléon*. 2ª ed. Paris, Félix Alcan, 1920.

BIBLIOGRAFIA

GAGLIANO, Pablo Stolze e PAMPLONA FILHO, Rodolfo. *Novo Curso de Direito Civil – Parte Geral*, vol. I. São Paulo, Saraiva, 2003.

GIORIANNI, Michele. *La Obligación. La Parte General de las Obligaciones*. Barcelona, Bosch, 1958.

GOMES, Orlando. *Introdução ao Direito Civil*. 10ª ed. Rio de Janeiro, Forense, 1993.

_____. *Transformações Gerais do Direito das Obrigações*. São Paulo, Ed. RT.

GONÇALVES, Carlos Roberto. *Direito Civil Brasileiro*, vol. I: *Parte Geral*. São Paulo, Saraiva, 2003.

JABUR, Gilberto Haddad. *Efeitos Jurídicos da Ameaça ou Lesão a Direitos Personalíssimos por Fato de Comunicação Social*. Tese de Doutorado (inédita), 2005.

_____. *Liberdade de Pensamento e Direito à Vida Privada*. São Paulo, Ed. RT, 2000.

LIMA, Alvino. *A Fraude no Direito Civil*. São Paulo, Saraiva, 1965.

LIMONGI FRANÇA, Rubens. *A Irretroatividade das Leis e o Direito Adquirido*. São Paulo, Ed. RT, 1982.

_____. "Obrigações". In: *Enciclopédia Saraiva de Direito*. São Paulo, Saraiva.

LOTUFO, Renan. *Código Civil Comentado – Parte Geral*, vol. 1. São Paulo, Saraiva.

_____. *Curso Avançado de Direito Civil – Parte Geral*, vol. 1. São Paulo, Ed. RT.

_____ e NANNI, Giovanni Ettore (coords.). *Teoria Geral do Direito Civil*. São Paulo, Atlas, 2008.

MACEDO, Sílvio de. "Negócio jurídico". In: *Enciclopédia Saraiva de Direito*. São Paulo, Saraiva.

MARTINS, Fernando R. *Estado de Perigo no Novo Código Civil: uma Perspectiva Civil Constitucional*. São Paulo, Saraiva, 2007.

MARTINS-COSTA, Judith. *A Boa-Fé no Direito Privado*. São Paulo, Ed. RT, 1999.

_____. *Comentários ao Novo Código Civil*, vol. V, t. I: *Do direito das obrigações, do adimplemento e da extinção das obrigações*; e t. II: *Do inadimplemento das obrigações*. Rio de Janeiro, Forense, 2003.

MIRANDA, Custódio da Piedade Ubaldino. *Interpretação e Integração dos Negócios Jurídicos*. São Paulo, Ed. RT, 1989.

MORAES, Alexandre de. *Constituição do Brasil Interpretada e Legislação Constitucional*. 6ª ed. São Paulo, Atlas.

MORAES, Walter. *Teoria Geral e Sucessão Legítima*. São Paulo, Ed. RT.

MOREIRA ALVES, José Carlos. *A Parte Geral do Projeto de Código Civil Brasileiro: Subsídios Históricos para o Novo Código Civil Brasileiro*. 2ª ed. São Paulo, Saraiva, 2003.

_____. *Direito Romano*, vols. I e II. 6ª ed. Rio de Janeiro, Forense, 1997

MOTA PINTO, Carlos Alberto da. *Teoria Geral do Direito Civil*. 3ª ed. Coimbra, Coimbra Editora, 1999.

NANNI, Giovanni Ettore, e LOTUFO, Renan (coords.). *Teoria Geral do Direito Civil*. São Paulo, Atlas, 2008.

NERY JR., Nelson. *Código de Processo Civil Comentado*. São Paulo, Ed. RT.

_____. *Vícios do Ato Jurídico e Reserva Mental*. São Paulo, Ed. RT.

_____ e NERY, Rosa Maria de Andrade. *Novo Código Civil e Legislação Extravagante Anotados*. São Paulo, Ed. RT.

NORONHA, Fernando. *Direito das Obrigações*, vol.1. São Paulo, Saraiva, 2003.

OSÓRIO, José. In: *Boletim da AASP* 49. São Paulo, AASP, dezembro/1996.

PAMPLONA FILHO, Rodolfo, e GAGLIANO, Pablo Stolze. *Novo Curso de Direito Civil – Parte Geral*, vol. I. São Paulo, Saraiva, 2003.

PEREIRA, Caio Mário da Silva. *Instituições de Direito Civil*, vols. I e II. 19ª ed. Rio de Janeiro, Forense, 1999; 20ª ed. (atualizada por Maria Celina Bodin de Moraes). Rio de Janeiro, Forense, 2004.

PERLINGIERI, Pietro. *Perfis do Direito Civil: Introdução ao Direito Civil Constitucional*. Trad. de Maria Cristina De Cicco. 3ª ed. Rio de Janeiro, Renovar, 1997.

PONTES DE MIRANDA, F. C. *Tratado de Direito Privado*, ts. I e XXII (Parte Especial). Atualizado por Vilson Rodrigues Alves. Campinas, Bookseller, 1999.

POPP, Carlyle. *Execução de Obrigação de Fazer*. Curitiba, Juruá, 1995.

RAFAEL, Edson José. *Fundações e Direito*. São Paulo, Melhoramentos, 1997.

RÁO, Vicente. *Ato Jurídico*. 3ª ed. São Paulo, Max Lomonad, 1961.

_____. *O Direito e a Vida dos Direitos*. 5ª ed. (anotada e atualizada por Ovídio Rocha Barros Sandoval). São Paulo, Ed. RT, 1999.

REALE, Miguel. *O Projeto do Novo Código Civil*. 2ª ed. São Paulo, Saraiva, 1999.

ROCHA, Silvio Luís Ferreira da. *Curso Avançado de Direito Civil*, vol. 3: *Contratos*. São Paulo, Ed. RT, 2002.

RODRIGUES, Sílvio. *Direito Civil – Parte Geral*, vols. I e II, 22ª ed. São Paulo, Saraiva, 1991.

_____. *Dos Vícios do Consentimento*. 2ª ed. São Paulo, Saraiva, 1982.

SERPA LOPES, Miguel Maria. *Curso de Direito Civil*, vol. II.

SILVA, João Calvão da. *A Responsabilidade Civil do Produtor*. Coimbra, Livraria Almeida, 1990.

_____. *Cumprimento e Sanção Pecuniária Compulsória*. Coimbra, 1997.

SILVA, Jorge César Ferreira da Silva. *Adimplemento e Extinção das Obrigações*. São Paulo, Ed. RT.

_____. *Inadimplemento das Obrigações*. São Paulo, Ed. RT.

_____. *A Boa-Fé e a Violação Positiva do Contrato*. São Paulo, Renovar.

SILVA, José Afonso da. *Curso de Direito Constitucional Positivo*. 32ª ed. São Paulo, Malheiros Editores, 2009.

TELLES, Gofredo. "Direito subjetivo – I". In: *Enciclopédia Saraiva do Direito*, vol. 28. São Paulo, Saraiva.

VELOSA, Rubens T. "Sociedade simples". Artigo inédito.

VELOSO, Zeno. *Condição, Termo e Encargo*. São Paulo, Malheiros Editores, 1997.

VENOSA, Sílvio de Salvo. *Direito Civil*, vol. 1: Teoria Geral. 2ª ed. São Paulo, Atlas, 1987.

_____. *Direito Civil – Parte Geral*. 8ª ed. São Paulo, Atlas, 2008.

WESTERMANN, Harm Peter. *Código Civil Alemão. Direito das Obrigações. Parte Geral*. Porto Alegre, Sérgio Antônio Fabris Editor, 1983 e 1991.

* * *